프로파간다

옮긴이 강미경

이화여자대학교 영어교육학과를 졸업했다. 전문 번역가로 활동하고 있으며, 번역서로 『작가 수업』, 『사티리콘』, 『배드 사이언스』, 『유혹의 기술』, 『헤밍웨이 vs. 피츠제럴드』, 『몽상과 매혹의 고고학』, 『도서관, 그 소란스러운 역사』, 『최초의 아나키스트』, 『아포칼립스 2012』, 『마르코 폴로의 모험』, 『고대 세계의 위대한 발명 70』 등이 있다.

프로파간다

한국어판 ⓒ 공존, 2009, 대한민국

2009년 7월 20일 1판 1쇄 펴냄
2025년 11월 20일 1판 34쇄 펴냄

지은이 에드워드 버네이스
옮긴이 강미경
펴낸이 권기호
펴낸곳 공존
출판등록 2006년 11월 27일(제313-2006-249호)
주소 (04157)서울시 마포구 마포대로 63-8 삼창빌딩 1403호
전화 02-702-7025 팩스 02-702-7035
이메일 info@gongjon.com
홈페이지 www.gongjon.com

ISBN 978-89-958945-7-6 03300

PROPAGANDA by Edward Bernays
Copyright ⓒ Edward Bernays, 1928, 1955; Anne Bernays, 1995
All rights reserved.
Korean translation copyright ⓒ 2009 by Gongjon Publishing

추천의 글 ⓒ Avram Noam Chomsky, 1997
머리말 ⓒ Mark Crispin Miller, 2004

이 책의 한국어판 저작권은 Anne Bernays와의 독점 계약으로 공존이 소유합니다. 저작권법에 의하여 한국 내에서 보호를 받는 저작물이므로 무단 전재와 무단 복제를 금합니다.

PROPAGANDA
프로파간다

대중 심리를 조종하는 선전 전략

에드워드 버네이스 지음 | 강미경 옮김

공존

전체주의는 폭력을 휘두르고 민주주의는 선전을 휘두른다.

에이브럼 노엄 촘스키

추천의 글

　1916년 우드로 윌슨(Woodrow Wilson)은 반전 공약을 내세워 대통령에 당선됐다. 미국은 반전 국가였다. 오랫동안 그래왔다. 국민들은 외국의 전쟁에 싸우러 나가고 싶어 하지 않았다. 미국은 제1차 세계대전(1914~1918년)에 적극 반대했고, 사실상 윌슨은 반전 세력에 힘입어 당선됐다. "승리 없는 평화(peace without victory)"를 슬로건으로 내세웠다.
　하지만 그는 전쟁에 참가하기로 결정했다. 그러자 전쟁에 반대하는 국민들을 어떻게 광적인 반(反)독일 미치광이로 만들어 모든 독일인을 죽이러 가고 싶어 하도록 만드느냐 하는 문제가 생겼다. 이 문제를 해결하려면 선전(propaganda)이 필요했다. 그래서 미국 역사상 최초로 연방 선전 기관을 설치했다. 그 기

제1차 세계대전 소식을 전하는 선전가를 알리는 1917년 홍보 포스터. 독립기념관 앞에서 손에 종을 든 선전가가 워싱턴으로부터 전달받은 소식을 외치고 있다. 연방공보위원회 위원장 조지 크릴은 75,000명의 지원자들로 구성된 '4분 선전가(Four Minute Men)'라는 하부 조직을 구성하여 미국에 유리한 제1차 세계대전 관련 선전 정보를 하달했다. 그리고 그들로 하여금 영화관에서 필름 한 권(reel)이 돌아갈 때마다 4분 동안 그 선전 정보를 대중에게 설파하도록 했다. 8개월 동안 1100만여 명이 4분 선전가의 전언을 들었다. ('대한 늬우스' 같은 선전의 모델이라 할 수 있다. 옮긴이)

관이 바로 연방공보위원회(United States Committee on Public Information)다. 크릴 위원회로 불리기도 했는데, 위원장 이름이 조지 크릴(George Creel)이었다. 이 위원회의 임무는 국민을 선동해 호전적 애국주의에 광분하도록 만드는 데 있었다. 그러한 전략은 기가 막히게 잘 먹혀들었다. 그래서 미국은 그로부터 불과 몇 달 만에 전쟁에 참가할 수 있었다.

많은 사람들이 이 결과에 감탄했다. 그 중 한 사람은 바로 아돌프 히틀러(Adolf Hitler)다. 그는 몇 가지 근거를 바탕으로, 독일이 제1차 세계대전에서 패배한 원인은 바로 선전 싸움에서 졌기 때문이라는 결론을 내렸다. 독일은 영국과 미국의 선전에 완전히 압도당해 이겨낼 재간이 없었다. 그래서 히틀러는 다음번에는 자신들만의 선전 체제를 갖추기로 했고, 제2차 세계대전(1939~1945년) 동안 실제로 그렇게 했다.

아울러 중요한 점은 미국의 업계 또한 선전 성과에 깊은 인상을 받았다는 사실이다. 당시 그들에게는 문제가 있었다. 미국은 공식적으로 점점 민주화됐다. 그래서 점점 더 많은 사람들이 투표와 같은 활동을 할 수 있게 됐다. 나라는 점점 부유해졌고 더 많은 사람들이 부를 나눠가질 수 있었으며, 수많은 이민자들이 새로 유입됐다.

그렇다면 어떻게 해야겠는가? 뭐든 사적인 모임 차원에서는 해결하기 어려워진다. 따라서 두말할 필요 없이 사람들의 생각을 통제해야 한다.

당시에는 홍보(public relations, PR) 전문가들은 있었지만 홍보 산업은 없었다. 기업가 록펠러의 실추된 이미지를 아름답게 치장하려고 고용된 사나이 아이비 레드베터 리(Ivy Ledbetter Lee)가 있기는 했지만, 미국의 발명품이자 기괴한 산업인 이 거대 홍보 산업은 제1차 세계대전 때 탄생했다. 조지 크릴이 이끄는 연방공보위원회에 속한 사람들이 주도적인 역할을 담당했다.

사실상 중심 인물인 에드워드 버네이스는 연방공보위원회 출신이다. 그는 연방공보위원회에서 나온 뒤 책을 썼는데 바로 『프로파간다』였다. 여담이지만 당시에 '프로파간다'라는 용어에는 부정적 의미가 없었다. 이 용어가 금기어가 된 것은 제2차 세계대전 때였다. 독일과 그들이 저지른 온갖 악행과 연관됐기 때문이다. 이 시기에 프로파간다라는 용어는 그런 나쁜 짓과 관련된 정보 따위를 의미하는 말로만 여겨졌다.

그래서 버네이스는 1925년경에 『프로파간다』라는 책을 썼던 것이다. 이 책을 쓰기 시작하면서 그는 제1차 세계대전을 겪으면서 얻은 교훈을 반영하고 있다고 말했다. 제1차 세계대전의 선전 체제와 자신이 참여했던 연방공보위원회를 통해 그는 "군대가 대중의 육체를 통제하듯 여론을 조목조목 통제할 수 있다"는 점을 알았다고 말했다. 또 그는 선량한 대중이 바른 길로 가도록 하려면 마음을 통제하는 이 새로운 기술을 소수의 지식인들이 사용해야 한다고도 했다.

　이제 우리는 이 새로운 기술을 지니고 있으므로 그렇게 할 수 있다.

　『프로파간다』는 홍보 산업의 핵심 매뉴얼이다. 버네이스는 구루(guru)다. 그가 끼친 가장 큰 영향으로는 1920년대 후반에 확실한 명성을 가져다준 사건, 즉 여성들에게 담배를 피우게 한 사건을 꼽을 수 있다. 그 시절에 여성들은 담배를 피우지 않았다. 그는 체스터필드(Chesterfield. 20세기 초의 유명한 담배 상표. 옮긴이)를 선전하기 위해 거대한 캠페인을 벌였다. 여기서 그는 모델과 인기 영화배우가 입에 담배를 물고나오게 하는 등 온갖 기술을 동원했다. 그 결과 엄청난 격찬을 받았고, 그래서 홍보 산업의 주도적 인물로 부상했다. 그의 이 책은 홍보 산업의 실질적인 매뉴얼이다.

1997년 6월
MIT 대학교 석좌교수
에이브럼 노엄 촘스키

머리말

'선전'의 수난사

제1차 세계대전이 발발하기 이전 '선전(propaganda)'이라는 영어 단어는 사회 활동가와 바티칸의 측근을 제외하고는 거의 쓰지 않았다. 그때만 해도 이 말은 오늘날 우리가 사용하듯 나쁜 의미로 사용되지 않았다.

'선전'이라는 단어는 1622년에 처음 나왔다. 당시 교황 그레고리우스 15세는 전 세계를 무대로 한 프로테스탄티즘의 급속한 확산에 충격을 받고 로마 교황청에 부랴부랴 새로운 부서를 추가했다. 그렇게 해서 탄생한 포교성성(布敎聖省, Congregatio de propaganda fide)은 신대륙과 그 외 지역에서 교회의 선교 활동을 감독하는 역할을 맡게 됐다.

"포교성성은 세계 전역에 믿음을 전파하는 데 필요한 활동을 빠짐없이 총괄하고 책임진다."

거짓말, 절반뿐인 진실, 아전인수 격의 역사, 그 외 오늘날 우리가 '선전'과 연계시키는 기타 속임수의 상징과는 거리가 멀게 처음에 이 단어는 그러한 협잡과는 완전히 다른 의미를 지니고 있었다. 그레고리우스는 전 세계에서 '현재 길을 잃고 비참하게 헤매는 양떼'에 대해 다음과 같이 썼다.

성스런 은총으로 길 잃은 양떼를 계도해, 이단의 한복판에서 악취를 내뿜는 해로운 물을 마시며 불신앙의 불행한 풀밭을 더 이상 헤매게 하지 말고, 믿음의 풀밭으로 자리를 옮겨 생명을 주는 교리 안에서 함께 거하며 생명수가 넘쳐나는 샘물로 향하도록 이끌어야 한다.[1]

문제의 단어는 19세기까지도 가톨릭의 기운을 강하게 유지하고 있었던 듯하다. 그런 가운데 사용자가 로마에서 기원했다는 점을 종종 강조하면서 이 단어는 경멸의 의미로 해석됐다.

이 저명한 단체(즉 포교성성)에서 비롯된 '선전'이라는 단어는 대부분의 정부가 두려움과 반감을 가지고 바라보는 견해와 주의를 확산시키려는 목적의 은밀한 제휴를 비난하는 현대 정치 용어로 자리잡았다.

영국 화학자 윌리엄 토머스 브랜드(William Thomas Brande)가 1842년에 쓴 글이다.[2] 하지만 그 후 문제의 단어가 음험한 인상을 주는 데 사용됐다고는 해도 무의식중에 전복 음모를 환기시키게 된 것은 1920년대에 들어와서였다. 예를 들어 랠프 월도 에머슨(Ralph Waldo Emerson)은 저서 『영국 국민성론(English Traits)』(1856)에서 오늘날 '선전자'를 뜻하는 'propagandist'를 형용사 '선전적인'으로 쓰면서 유해한 강령이나 개념의 은밀한 확산을 암시하는 의미로는 전혀 내비치지 않는다. 그는 영국 국민을 "예술과 자유의 영역을 넓혀 나가는 데 여전히 저돌적이고 선전적이다(aggressive and propagandist)."라고 묘사한다. 여기서 선전은 전복 음모가 아니라 가장 개명(開明)된 원칙과 결부된다.

영국의 법은 개방성이 특징이며, 그러한 법률 체계 아래서는 노예제가 존재하지 못한다. 설령 압제가 존재한다 해도 부차적이고 일시적일 뿐이다. 영국의 성공은 우연이나 요행의 결과가 아니다. 영국 국민은 수세대에 걸쳐 변하지 않는 동질성을 유지해왔다.[3]

미국의 제1차 세계대전 참전 관련 동영상을 알리는 세 번째 공식 포스터. (왼쪽부터) 미국, 러시아, 프랑스, 영국의 연합국 병사들이 언덕 위로 돌격하는 모습을 그리고 있다. 연방공보위원회 조지 크릴 위원장 명의로 발행됐다.

제1차 세계대전 이전에는 '선전'이라는 단어가 경멸의 의미 보다는 중립의 의미로 사용됐다. 예를 들어『옥스퍼드 영어 사전(Oxford English Dictionary)』에서는 문제의 단어를 다음과 같이 정의하고 있다. "특정한 원칙이나 행위를 전파하기 위한 제휴나 체계화된 계획 또는 일치된 운동." 따라서 '선전'은 정부 관리들에게 '두려움과 반감'을 불러일으키는 도구라기보다 그 단어를 사용하는 저자와 그의 목적 그리고 보는 사람의 관점에 따라 대단히 불쾌할 수도, 무해할 수도, 심지어는 유익한 결과를 가져올 수도 있는 계획의 일환으로 인식됐다. 예방 접종이나 청결한 조리법, 타구(唾具) 비치를 통해 공중위생을 증진하려는 캠페인은 교권 반대주의자나 사회주의자, 타고난 십자군파는 상관없는 선전 활동이었다. 문제의 단어를 사용하는 몇 안 되는 사람들에게는 이러한 사실이 명약관화했다.

　이 단어가 새빨간 거짓말과 동의어로 자리 잡게 된 것은 제1차 세계대전 때 연합국이 영국과 미국의 대중의 귀에 이 말을 익숙하게 만들면서부터였다. 그 전까지 '선전'은 1911년『브리태니커 백과 사전(Encyclopedia Britannica)』에 '선전하다(propagate)'라는 동사 형태로 짧게 언급될 뿐 아예 등재조차 되지 않았을 정도로 중요하지 않은 용어였다.

　제1차 세계대전은 '선전'의 평판에 복잡한 영향을 미쳤다. 비록 이름은 없었지만 '선전'과 유사한 책략은 수세기 넘게 여러 나라 정부에서 다양하게 사용됐다(나폴레옹은 노련한 선전 인력뿐만 아니라 선전이라는 주제에 특히 관심이 많았다). 하지만 정부가 국민들에게서 열광적인 지지를 끌어내기 위해 현대 매체의 전 분야를 체계 있게 활용하기 시작한 것은 1915년에 들어와서였다. 여기에는 특이한 상황이 한몫 단단히 거들었다. 정부의 그런 노력이 없었다 해도 현혹되기는 마찬가지였을 대중은 제1차 세계대전의 발발을 목전에 두고 집단 흥분 증세를 보였고, 전쟁은 실제로 그 한복판에 뛰어든 사람들 대부분을 철저히 짓밟았다. '야만족'을 악마로 매도하며 전쟁을 대서양 '문명권'과 프로이센의 '야만주의' 간 충돌로 몰아가려는 영미의 노력은 아주 강력한 인상을 남겼고, 그 결과 정계와 사업계의 판도는 영원히 바뀌었다.

이제 '여론(public opinion)'은 어림짐작을 통해서가 아니라 그 일에 맞게 따로 훈련받은 전문가를 통해 관리해야 하는 하나의 힘으로 부상하게 됐다. 그런 점에서 제1차 세계대전은 대중 설득 분야에서 일하는 사람들의 지위를 단박에 끌어올렸다. 전에는 산업과 상업의 지배자들이 광고 대행인을, 특허받은 의약품과 담배를 팔기 위해 입에 발린 소리를 늘어놓거나 두뇌의 반만 활용해도 기업주 스스로 얼마든지 처리할 수 있는 용역을 팔려고 혈안인 사기꾼으로 바라보는 경우가 많았다. 사회의 피라미드 맨 꼭대기에 있는 사람들은 막 태동한 홍보(public relations,

PR) 분야도 곱게 보지 않기는 매한가지였다. 다시 말해 홍보란 보드빌(춤과 노래 따위를 곁들인 가볍고 풍자적인 통속 희극. 옮긴이) 순회 공연과 브로드웨이에서나 필요한 일로 여겼다.

그런데 민주주의 등을 찬미하려는(또는 판매하려는) 목적의 연합국 캠페인은 예상 외로 크게 성공을 거두었고, 너무나 고결해 보이기까지 했다. 캠페인을 이끌었던 선전 전문가들은 이러한 성공을 등에 업고 전쟁이 끝나자 제너럴 모터스(General Motors, GM), 프록터 & 갬블(Procter & Gamble, P&G), 존 D. 록펠러(John D. Rockefeller), 제너럴 일렉트릭(General Electric, GE) 등 기업과 기업가의 이익을 대변해 다양한 대중의 비위를 맞추거나 흥미를 자아내는 일에 곧바로 뛰어들어 순식간에 합법성을 획득했다.

그런 가운데 1919년 베르사유 조약의 체결에서부터 1929년의 대공황에 이르기까지 평시 선전 분야가 크게 호황을 누렸다. 선전의 지지자로 돌아선 기업가들이 그 효과를 조용히, 그러나 자주 언급하기 시작하면서 예전에 행상인 취급을 받던 사람들은 광고 전문가와 홍보 전문가로 다시 태어났다. 이제 그들은 더 이상 보따리장수가 아니라 광고와 홍보 활동, 다시 말해 선전의 기적과도 같은 효과를 극찬하는 책, 논문, 연설, 행사를 통해 대기업에 자신들의 재능을 파는 전문 직업인으로 자리 잡았다.

선전가들은 복음 전도사와 다를 바 없는 자체 판매원(사실 그중 상당수는 목사의 아들들이었다.)을 내세워 자신들이 표방하는 혁명적인 '과학'은 단지 몇몇 사람을 더 부자로 만드는 것보다 훨씬 더 많은 일을 할 수 있다고 주장했다. 즉 전시에도 그랬듯이 선전은 국가의 위상을 드높이고 문명화를 앞당길 뿐만 아니라 이민자와 기타 서민 계층에게 현명한 소비를 통해 행복하고 예의 바른 미국인으로 거듭나는 법을 가르치는 역할을 담당하게 되리라는 것이 그들이 내세우는 논리였다. 1920년대 내내 선전의 열렬한 옹호자들이 그러한 사이비 진보주의 노선을 거세게 밀어붙이면서 '선전'은, 적어도 그 상품을 파는 사람들에게는, 모든 이의 삶과 가정을 밝게 해주는 능력을 갖춘 놀랍고도 새로운 진보의 힘처럼 보였다.

종교에 가까운 그러한 주장은 특히 어니스트 엘모 콜킨스(Earnest Elmo Calkins)의 『문명을 개화하는 비즈니스(Business the Civilizer)』(1928)와 브루스 바턴(Bruce Barton)의 베스트셀러 우화집 『아무도 모르는 남자(The Man Nobody Knows)』(1925)를 비롯해 이른바 '선전'을 선전하는 저작의 형태로 무수히 쏟아져 나왔다. 전시와 마찬가지로 전후의 선전 활동도 크게 성공을 거두었다. 그 결과 비단 기업가뿐만 아니라 언론인과 정치인까지도 월터 리프먼(Walter Lippmann)의 유명한 표현인 '합의의 조작(manufacture of consent)'은 이제 공적인 영역 어디에서나 없어서는 안 될 필수품이라는 믿음을 갖기에 이르렀다.[4]

하지만 그처럼 떠들썩한 환호에도 불구하고 선전 판촉전은 이상하게도 처음부터 곤경에 봉착했다. '선전'이라는 제품의 명칭 자체가 언론에서나 일반인들 사이에서나 어느새 상스런 말로 자리잡았기 때문이다.[5] 아이러니컬하게도 '선전'이라는 낯선 용어를 일상어로 만든 전쟁은 그와 동시에 원래 중립의 의미로 쓰였던 그 말을 경멸의 뜻이 담긴 말로 바꾸어놓았다. 다시 말해 선전가가 전문 직업인으로서 성공을 거두게 된 바로 그 순간부터 '선전가'라는 호칭으로 불린다는 것은 일종의 모욕이었다. 이는 우연의 일치가 아니라 전시 선전 활동이 성공을 거두면서 나타난 자기모순의 결과였다. 즉 '선전'이라는 말을 늘 적과 관련해서만 음침하게 사용한 결과, 선전가 스스로 그 말을 더럽힌 셈이 되고 말았던 것이다.

"우리는 그런 활동을 '선전'이라고 부르지 않았다. 독일 진영에서 그 말은 기만과 부패와 연계됐기 때문이다."

연방공보위원회 위원장을 지낸 조지 크릴은 『우리가 미국을 광고한 방법(How We Advertised America)』(1920)에서 이렇게 밝히고 있다. 크릴은 독일인은 그 말을 쓰레기 취급했지만 미국인은 그 말을 그런 쪽으로 사용한 적이 한 번도 없으며, 당연히 좀더 호감이 가고 품위 있는 대체어를 사용하고자 노력했다고 주장한다.

"우리의 노력은 시종일관 교육적이고 유익했다. 쓸데없이 논쟁을 불러일으키기보다 사실을 있는 그대로 간결하게 전달하기

1917년의 조지 크릴(1876~1953). 미국의 언론인이자 정치가. 우드로 윌슨 대통령이 1917년 4월에 설치한 연방공보위원회(1917~1919)의 위원장으로 유명하다.

만 하면 된다고 생각했고, 그 점에서 우리는 누구보다도 자신감이 있었기 때문이다."[6]

물론 이 구절은 그 자체로 선전의 훌륭한 사례에 속한다. 전쟁 기간 내내 크릴과 그의 동료들이 미국 국민들에게 귀에 못이 박히게 주입한 이중 논리, 즉 독일인은 늘 거짓말을 일삼고 미국인은 언제나 진실만을 말한다는 논리를 가감 없이 재확인해 주기 때문이다. 크릴은 독일의 선전이 '기만과 부패와 연계되기에' 이른 경위를 설명하기보다 그 문제를 수동 구문 안에 은근슬쩍 묻어버린다. 크릴의 휘하에 있는 선전가들은 그가 위의 구절에서 실천하고 있는 바로 그 방식대로 독일의 선전을 '부패'와 '기만'과 '연계시켰다.' 물론 크릴은 그 사실을 호도 또는 회피한다. 하지만 여기서 우리가 주목해야 할 점은 선전의 특징인 배후성이 아니라 연합국의 선전이 이 애매모호한 단어 자체에 미친 어두운 영향력이다.

제1차 세계대전에서 '선전'을 그처럼 상스러운 말로 전락시킨 첫 번째 요인은 바로 '아군'의 선전이었다. '야만족'과 밀접하게 연계되면서 더럽혀진 후로 '선전'은 두 번 다시 순수성을 되찾지 못했다. 연합국 측이 '야만족'에게 오명을 씌우기 위해 뒤늦게 미국과 영국의 국민을 상대로 이 말을 사용했을 때도 결과는 마찬가지였다. 자국 정부가 자신들에게 사용한 뻔뻔한 거짓말과 과장, 절반뿐인 진실의 정체가 속속 밝혀지면서 두 나라 국민은 '선전'을, 그 진짜 대상이 실은 자신들이었다는 사실을 미처 알아차리지 못했을 때 생각했던 수준보다 훨씬 더 음험한 무기로 바라보게 됐다. 그 결과, 원래의 의미를 되찾으려는 일각에서의 노력에도 불구하고 문제의 단어가 지니는 사악한 의미는 1920년대 내내 더욱 굳어졌을 뿐이다.

『프로파간다』의 선전 전략

에드워드 버네이스의 『프로파간다(Propaganda)』(1928)는 그러한 노력이 가장 돋보이는 야심작이다. 이 책에는 전후의 다양하고 광범위한 선전 활동이 자세하게 소개되어 있다. 하나같이 창의성이 번득일 뿐만 아니라 선의의 목적과 정직한 실천 전략을 특징으로 하는 당시의 선전 사례를 자세히 조망함으로써 버네이스는 '선전'이라는 말에서 나쁜 냄새를 제거하려고 시도한다. 그의 동기는 두 가지인 듯 보인다.

1929년에 발표한 또 다른 변론의 글에서 지적했듯이 버네이스는 스스로를 '진리를 추구하는 자이자 선전을 선전하는 자'라고 여겼다.[7] 그런가 하면 또 한편으로는 순수 과학에 대한 그의 관심을 꼽을 수 있다. 따라서 '선전'이라는 단어의 위상을 회복하려는 그의 노력은 그 말을 대체할 수 있는 용어는 없다는 지적 전제에서 출발한다. 이 점에서는 버네이스가 옳았다(그는 문제의 단어와 비슷한 의미로 사용되는 그 모든 완곡 어구를 놔두고 시종일관 '선전'을 고집했다.)[8] '선전'이라는 단어에 올바른 지위를 되찾아주고자 하는 그의 바람은 정확성을 기하려는 진지한 노력을 통해 나타난다. 버네이스는 그 어떤 것도, 예를 들어 의뢰인의 제품에 대해서도, 자신의 직업에 대해서도 전혀 과장하지 않았다.

그의 다른 저작에서와 마찬가지로 『프로파간다』에서도 상업주의에 영합했던 그 시대의 수많은 설교를 특징짓는 터무니없는 과장은 찾아볼 수 없다. 버네이스의 어조는 천년 왕국설 신봉자가 아니라 관리자에 가깝다. 그는 자신의 방법론이 이 세상을 현대의 이상향으로 바꾸어놓을 것이라고 약속하지 않는다. 그의 꿈은 상당히 소박해 보인다. '홍보'를 통해 정보가 오가는 세상이란 그저 '원활하게 기능하는 사회'일 뿐이다. 그런 사회에서 우리는 선량하고 합리적인 엘리트 집단이 조작하는 대로 우리가 미처 의식하지 못한 채 안내를 받으며 삶을 영위한다.

버네이스는 자신의 지적 영웅인 월터 리프먼이 1922년에 발표해 커다란 반향을 불러일으킨 이 분야의 고전 『여론(Public Opinion)』에서 이러한 꿈을 끌어냈다. 전시에 미국 선전가로 활동하면서 연합국의 선전 정책이 크게 성공을 거두는 모습을 지켜보는 한편, 귀스타브 르봉(Gustave Le Bon), 그레이엄 월러스(Graham Wallas), 존 듀이(John Dewey) 같은 사상가의 저작을 두루 섭렵한 후 리프먼은 현대 대중 사회에서 '민주주의의 이상

《타임》(1937)의 표지 인물로 실린 월터 리프먼(1889~1974). 미국의 언론인, 작가, 정치평론가. 우드로 윌슨 대통령이 미국의 제1차 세계대전 참전 목적을 밝히기 위해 1917년 1월 의회에서 발표한 「14개조 평화원칙(Fourteen Points)」의 초안을 잡았으며, 연방공보위원회에서도 활동했다. 대표작 『여론』(1922)에서 그는 19세기에 일궈낸 체제 안정이 현대 문명 때문에 위협받고 있다고 하면서 지배계급이 새로운 도전에 직면해 있다고 경고했다. 또한 플라톤이 말한 것처럼 대중을 '편협한 의견의 혼돈' 속에서 허우적거리며 '갈팡질팡하는 떼거리'로 보았다. 1947년 『냉전(The Cold War)』이라는 책을 펴내 '냉전'이라는 말이 전 세계적인 통용어가 됐다. 신문 칼럼 「오늘과 내일(Today and Tomorrow)」로 1958년과 1962년에 퓰리처상을 수상했다.

향 은 불가능하다는 음울한 결론에 이르렀다.

그 이유는 현대 대중 사회의 일원들은 대체로 명쾌한 사고나 인식 능력이 부족해 집단 본능과 단순한 편견에 사로잡히기 쉬울 뿐 아니라 결정을 내리거나 진지한 담론을 전개할 만한 능력을 갖추지 못해 외부 자극에 오도되는 경우가 많기 때문이다. 따라서 '민주주의'를 실현하려면 자료를 선별하고, 상황을 면밀히 파악하고, 국가가 결딴나거나 와해되는 일이 없도록 관리하는 공평한 전문 직업인으로 이루어진 초강력 정부가 필요하다. 그런 가운데 중요한 사안은 '책임 있는 행정가'가 틀을 잡고 거기에 부합하는 선택을 해야 한다. "사회의 일상 행정이 원활하게 돌아가느냐 마느냐는 건전한 환경 아래서 일하는 내부 관계자들의 어깨에 달려 있다."[9]

리프먼의 주장이 지극히 복잡할 뿐더러 환멸을 느낀 사회주의자의 우울한 생각을 반영한다면 버네이스가 그에게서 빌려와 새롭게 손질한 꿈은 단순하면서도 열징에 차 있다. "우리는 한 번도 들어본 적이 없는 사람들의 통치를 받으며 우리의 생각을 주조하고, 취향을 형성하고, 아이디어를 떠올린다." 이 '보이지 않는 통치자들'은 하느님이 태초에 그랬듯이 '혼돈을 조직하면서' 모든 것을 냉정하게 관장하는 고결한 엘리트 집단이다. "대중의 생각을 조종하는 끈을 잡아당기면서 사회의 노후한 힘에 박차를 가하고, 세상을 하나로 묶어 인도할 새로운 방법을 모색하는 사람들이 바로 이들이다."

리프먼이 대부분의 사람들이 올바로 사고하는 능력을 결여하는 경위와 이유를 설명하면서 때로 마르셀 프루스트(Marcel Proust)를 방불할 만큼 세심하게 공을 들인 반면, 버네이스는 그 모두를 당연한 '사실'로 받아들인다. 일종의 고급 관리자 집단이 우리가 무엇을 살지, 투표권은 어떻게 행사할지, 나아가 무엇이 옳고 그른지를 판별하는 기준을 소리 없이 결정한다. 이와 관련해 저자는 "그들은 타고난 지도력, 대중이 필요로 하는 사고를 공급하는 능력, 사회 구조 안에서 차지하는 중요한 위치를 통해 우리를 통치한다."라고 쓰고 있다.

그와 같은 고급 관리자가 '우리' 가운데서 나온다는 취지로 그런 말을 하는지 어떤지는 불명확하다. 하지만 곧이어 버네이스가 스스로를 고결한 관리자 집단의 본보기로 여긴다는 점이 극명하게 드러난다. 마찬가지로 그는 자신의 직업을 그러한 관리자 조직을 통틀어 가장 중요하게 바라본다. 그리하여 버네이스는 '진실을 추구하는 자이자 선전을 선전하는 자'의 자격으로 계속 앞으로 나아간다. 그는 '민주주의'라는 위계제 개념을 진심으로 믿었고 스튜어트 이웬(Stewart Ewen)의 지적대로 오랫동안 그 믿음을 견지했지만[10] 『프로파간다』는 사회 이론 개론서가 아니라 주로 구매 권유에 초점을 맞추기 때문이다. 다시 말해 『프로파간다』는 선전이라는 주제를 철저히 규명한다기보다 스스로의 선전 전술에 충실하다는 점에서, 아울러 (자신의 눈에조차) 아무리 '과학적'이고 고결해 보인다 할지라도 유능한 선전가 대부분이 일을 하면서 보여주는 숨겨진 열정을 슬며시 비춘다는 점에서 교훈서의 성격을 띤다.

이 책에서 버네이스는 선전을 변호하고 선전이 대중 사회에 미치는 건전한 영향력을 강조함으로써 '홍보'(이하 PR로 표기. 옮긴이)를 널리 광고한다. 실제로 버네이스는 보기 드문 지성과 기술로 PR을 익혔다. 1928년에 이르러 그는 날로 성장하는 이 분야에서 선두 주자의 위치에 올랐다. 그는 자신의 직업에 합법성을 부여했을 뿐만 아니라(그는 자신을 늘 'PR 고문(public relations counsel)'이라고 소개했다.) 개인 사업체도 성공리에 꾸려나갔다. 이는 곧 그가 제공하는 용역에 접근할 수 있는 사람이 한정되어 있었다는 애기다. 다시 말해 『프로파간다』는 그의 잠정 기업 의뢰인을 주로 겨냥하고 있다.

하지만 서사는 금권 정치가들에 대한 그러한 편애를 다양한 방법으로 감춘다. 처음에 그는 '우리'라는 말을 사용하면서 자신 또한 우리 대부분과 마찬가지로 혼란스러워하는 대중의 일원일 뿐 '보이지 않는 통치자 집단', 더욱이 그 중에서도 가장 유능한 인재와는 거리가 멀다는 뜻을 내비친다. 그러고 나서 「1장」에서 그는 한 걸음 더 나아가 '선전'을 재력가들만 감당할 수 있는 값비싼 게임이 아니라 포퓰리스트(populist) 운동의 일환으

아이비 레드베터 리(1877~1934). 에드워드 버네이스와 더불어 현대 PR의 아버지로 불리는 홍보 전문가. 에드워드 버네이스보다 15년 앞선 1904년 말에 조지 파커(George Parker)와 더불어 '파커 앤드 리(Parker and Lee)'라는 홍보 회사를 차렸다. 1914년 콜로라도 주 러들로에서 광산 파업 진압 중에 어린이 11명을 포함한 20명이 사망한 러들로 학살(Ludlow Massacre) 사건 때문에 크게 실추된 록펠러 가의 명예를 되살리기 위해 기업 이미지 개선 전략을 펼친 것으로 유명하다. 이를 계기로 록펠러 가문과 재단은 미국을 대표하는 공익 기업으로 거듭났다.

로 설명하면서 자신을 찾는 의뢰인들의 지위를 속인다. 버네이스는 마치 일부러 보란 듯이 주로 소박한 시민 단체와 직능 단체의 카탈로그와 정기 간행물(예를 들어 아리온찬송회(Arion Singing Society) 회보, 《전국견과뉴스(National Nut News)》)의 형태를 띠는 일반 선전 자료 목록을 한참 열거함으로써 이러한 목적을 달성한다. 여기서 주가가 높은 대기업은 거의 언급되지 않는다.

아울러 버네이스는 그 후의 짤막한 장들에서도 선전이 교육, 사회사업, '예술과 과학'에 어떻게 이바지할 수 있는지를 설명하는 데 불성실해 보인다. 다만 사회적 관심과 문화적 관심을 수박 겉핥기식으로 대충 짚고 넘어갈 뿐인데, 이는 이 책을 저자와 같은 전문가로부터 크게 이득을 얻으려면 기업이 어떻게 처신해야 하는지를 다룬 논문 그 이상으로 보이게 하려는 의도 같다는 인상을 준다. 하지만 언뜻 민주적인 색채를 띠는 듯한 그 모든 시도에도 불구하고 『프로파간다』는 버네이스의 진정한 능력은 거물급 의뢰인들이 판매와 이미지와 관련한 다양한 문제를 해결하도록 돕는 데서 빛을 발했다고 말한다.

그 분야에서 그는 누구보다도 탁월했다. 아이비 레드베터 리(Ivy Ledbetter Lee)만 유일하게 그와 견줄 수 있는 PR인이었을 뿐 그가 거둔 눈부신 업적은 타의 추종을 불허했다. 이는 비단 『프로파간다』에 소개된 성과뿐만 아니라 1928년 이후 그가 세운 공훈을 통해서도 확인할 수 있다. 이 책은 버네이스가 (주로) 기업 의뢰인들을 상대로 무슨 일을, 어떻게, 왜 했는지를 설명해 준다는 점에서 매우 유익하다.

여기에는 우리의 무릎을 치게 만드는 뜻 깊은 순간들이 많다. 이 책에 인용된 성공한 선전 사례들이 실은 모두 버네이스의 작품이기 때문이다. (무신경한 독자라면 그러한 자기 판촉 안에서 이기주의를 전혀 눈치 채지 못한다. 버네이스가 자신이 한 일을 설명할 때마다 매번 '이루어졌다' 또는 '보여졌다' 또는 '입증됐다' 식의 수동태 표현으로 너무도 교묘하고 능숙하게 그 같은 느낌을 지워버리기 때문이다.)

선전 전략가로서 그와 필적할 만한 적수는 없었다. 그는 늘 남보다 앞서 생각했다. 그의 목표는 구매자에게 지금 당장 제품을 구입하라고 재촉하는 게 아니라, 구매자의 세계를 통째로 변화시켜 판매자가 옆구리를 쿡쿡 찌른다는 느낌이 전혀 없이 그 제품을 탐내도록 만드는 데 있었다. 그러려면 현재 널리 퍼져 있는 소비 관행은 무엇이며, 그러한 관행을 바꾸어 제품 스스로 소비자에게 다가가는 것처럼 보이게 하려면 어떻게 해야 하는지를 훤히 꿰뚫고 있어야 한다. "현대의 선전가는…… 소비 관행에 변화를 가져올 환경을 조성해야 한다."

예를 들어 버네이스는 '모차르트'라는 피아노를 팔면서 과대 선전을 하지 않았다. 대신 그는 '가정 음악실이라는 개념을 대중 사이에 널리 보급하는 일'에 신경 썼다. 다시 말해 피아노를 들여놓을 공간을 마련하는 게 유행이라는 생각을 유포함으로써 간접적인 방식으로 피아노를 팔았던 것이다.

가정 음악실이라는 개념은 받아들여질 수밖에 없을 것이다. 이미 존재하기 때문이다. 집에 음악실을 갖추고 있거나 거실 한구석을 음악 공간으로 비워놓고 있는 사람들은 자연히 피아노를 구입할 생각을 하기 마련이다. 그리고 본인 스스로 그런 생각을 떠올렸다고 여길 것이다.

선전가 에드워드 버네이스

『프로파간다』와 버네이스는 그의 의뢰인들이 선보였던 재화와 용역을 모두 합친 것 이상의 무언가를, 아울러 사업가와 정치인에게 반드시 필요한 도구인 선전이 판매한 것보다 더 많은 무언가를 팔았다. 버네이스는 여론을 이끌기에 손색이 없는 전문 지식을 신중하고 치밀하게 활용해 선선의 신화를 쌓았다. 시종일관 그는 잘 변하는 만큼 잘 받아들이는 대중의 반응에 통달한 최고 권위의 조작자로 스스로를 자리매김했다.

'의식과 지성에 호소하는 조작', '보이지 않는 통치자들', '대중의 생각을 지배하는 끈을 잡아당기는 사람들', '무대 뒤에서 영향을 미치는 기민한 사람들', '막강한 권력을 행사하는 독재자들', 그리고 그 밑에서 '마치 버튼을 누르면 작동하듯' 일하는 사람들. 이 모두는 그가 선전에서 실천으로 옮긴, 나아가 그 주제에 관한 그의 사고 전체를 특징짓는 냉철하고 과학적인 패러다임이 엿보이는 표현 중 극히 일부일 뿐이다. 선전가가 세상을 지배한다. 그의 패러다임을 이렇게 요약해도 무방할 듯하다. 대중은 정확히 선전가의 의도대로 따른다, 그 사실을 모른 채.

선전가의 권력을 둘러싼 이 신(新)베이컨주의 개념은 버네이스의 발명품이 아니라 19세기의 실증주의에서 파생했다(버네이스의 삼촌 지크문트 프로이트(Sigmund Freud)의 저작도 여기에 간접적으로 영향을 미쳤다). 냉철하고 남자다운 선전가의 이미지는 1920년대부터 냉전기까지 도처에서 힘을 발휘했다. 그런 가운데 '군중'은 쉽게 흥분하고 쉽게 받아들이는 여성의 이미지로 격하됐다. 이러한 지배 구도가 그토록 널리 확산된 이유는 무엇이었을까?

버네이스처럼 자의식이 강한 '전문 직업인'에게 공평무사한 전문 지식은 자부심의 원천이자 강력한 셀링 포인트(selling point. 의뢰인의 욕망을 만족시키는 상품의 특성. 옮긴이)였다. 그러한 단호한 태도는 잠재 의뢰인에게 선전가는 본능이나 기분에 좌우되지 않고 공명정대하게, 필요할 경우 의사나 검사처럼 냉혹하게 일을 처리한다는 무언의 확신을 심어주었다. 그는 (예를 들어 외국 주민을 속이라고 파견된 미국 관리들이 그 나라에서 생활하다 그 나라 사람들에게 '동화되는' 경우와 달리) 자신은 전혀 흥분하지 않으면서 다른 사람들을 흥분하게 만들 수 있었다.

초탈한 조작자와 고분고분한 군중의 신화는 1920년대 이후로 대중 설득을 전공하는 학생들의 입을 통해 여기저기서 거듭 되울려 나오고 있다. 사회심리학자 프레더릭 C. 벤(Frederick C. Venn)은 1928년 이렇게 주장했다.[11] "선동 정치가에게 회오(悔悟)는 약점이며, 그 때문에 매우 심각한 타격을 입을 수도 있다. 탁월한 선동 정치가가 되는 데 마지막 걸림돌이 있다면 바로 회오다."

성공한 민중 선동가에 대한 지적 연구는 지금도 종종 이러한 입장을 취한다. 즉 분석가는 자신은 너무나 똑똑하고 침착해서 우매한 대중을 현혹하는 선동가에게 넘어갈 리가 없다는 것을 우리에게 확인시키려는 듯 문제의 선동가에게 자신의 합리성을 투사한다. 한 치의 흔들림도 없는 선동가에 관한 동일한 신화가 역사상 가장 탁월한 몇몇 선동가를 통해 거듭 확인된다. 예를 들어 아돌프 히틀러는 언난에서 사신의 광기를 조언하게 평가하는 감정인의 역할을 즐겨 맡았고, 파울 요제프 괴벨스(Paul Joseph Göbbels) 또한 군중이 자신의 연설에 열광하다 못해 전율하는데도 낯빛 하나 변하지 않고 그야말로 냉정한 모습을 유지했다.

선전가는 자신이 야기하는 소동에 초연해야 한다는 이러한 개념을 확증할 길은 없다. 물론 이 개념이 선동 정치가와 기타

연설하고 있는 아돌프 히틀러(1889~1945, 왼쪽)와 파울 요제프 괴벨스(1897~1945). 괴벨스는 "거짓도 천 번 말하면 진실이 된다."고 했다. 1930년대.

선전가들이 채택하는 방법에 대해 어느 정도 진실을 보여주긴 하지만 말 그대로 일부일 뿐이다. 과거의 가장 흉포한 선동 정치가에 관해 알려진 사실로 미루어볼 때 성공한 대중 선동은 비록 선동가가 의식적으로 자신의 진심이나 행보를 이런저런 수사 장치로 왜곡한다 하더라도 그 핵심에는 급진적인 공약이 반드시 자리하는 경향이 있다.

히틀러, 괴벨스, 베니토 무솔리니(Benito Mussolini), 찰스 코플린(Charles Coughlin) 신부, 조 매카시(Joe McCarthy), 제럴드 L. K. 스미스(Gerald L. K. Smith) 등 성공한 선동가는 광신적이면서 냉소적인 동시에, 완전히 절제하지도 그렇다고 완전히 무아경에 빠지지도 않았다. 그러한 선동가들은 확신과 추측의 구분이 분명하지 않은 정신 상태를 보인다. 이처럼 불확실한 내면의 상태야말로 대중 조종자의 불가사의한 힘의 원천 내지는 토대인 듯 보이며, 따라서 도식적인 이분법으로는 이를 이해할 수 없다. (조지 오웰(George Owell)의 '이중 사고(doublethink)'라는 모호한 개념은 이 경우에 아주 딱 들어맞는다.)

물론 현장에서, 또는 무대 위에서, 또는 마이크 앞에서 활동했던 히틀러, 코플린, 매카시처럼 신기원을 이루는 선동가와 그 자리에서 격렬한 반응을 이끌어낼 의도가 없는 선전가 사이에는 중요한 차이가 있다. 아무리 과격한 선전 웅변가라 해도 그 뒤에는 지루한 준비 과정과 계획 실행에 관여하는 이름 없는 수많은 대리인과 소규모 군대가 있기 마련이다. 물론 그 뒤에는 선전가도 무수히 버티고 있다. 하지만 선전가의 임무는 다중(多重)의 광분을 야기하는 것과는 거리가 멀다. 광고업자는 폭발적이고 즉각적인 반응이 아니라 점진적이고 개별적이면서 분산되고 반(半)의식적인 대중의 반응을 목표로 삼는다. 이 책에도 나와 있듯이 PR 전문가 역시 오랜 조사와 치밀한 계획을 거쳐 점진적인 인상을 심는 데 주안점을 둔다. 이런 부류의 신중한 조작자들 마음속에는 과격한 공약의 기미가 아예 없는 듯하다. 마찬가지로 그들이 세우는 계획 또한 천년 왕국설을 들먹이며 대중을 광분시키는 데 목적이 있는 게 아니라 실제적이면서 평범하고 합리적이다.

하지만 그런 일을 하는 사람들도 현실감을 잃어버리기 쉽기는 마찬가지다. 그들의 세계에서 진실은 결국 의뢰인이 세상 사람들에게 진실이라고 말하고픈 것이기 때문이다. 그들이 이바지하는 명분이 무엇이든, 그들이 파는 상품이 무엇이든 유능한 선전가는 그 진실을 믿어야 한다. 아니면 적어도 당분간만이라도 믿고 있다고 믿어야 한다. 상품을 선전하는 사람도 어느 선까지는 정말 믿어야 한다. "제품을 광고하려면 먼저 그 제품을 믿어야 한다. 다른 사람에게 확신을 심어주려면 먼저 스스로가 확신을 가져야 한다." 프랑스의 거대 광고 회사 퓌블리시(Publicis, 흔히 퍼블리시스. 옮긴이)의 사장 마르셀 블뤄스탕블랑셰

(Marcel Bleustein-Blanchet)의 말이다.[12] "나는 내가 광고에서 말하는 것들을 진심으로 믿는다고 생각한다. 이는 내가 제품 판매를 위해 공들여 세우는 빈틈없는 전략과는 하등 상관이 없는 듯하다." 클레롤(Clairol. 유명한 머리 염색약 회사. 옮긴이)의 전설과도 같은 여성 광고인 셜리 폴리코프(Shirley Polykoff)는 이렇게 인정한다("그 말이 정말일까?…… 아니면 괜히 하는 소리일까? 답은 그녀의 전속 미용사만이 알고 있다!").[13]

공평한 버네이스에게서조차 우리는 의뢰인의 요구가 '진실'을 지배하도록 놔두는 경향을 볼 수 있다. 이는 선전가라면 누구나 마주칠 수밖에 없는 직업상의 위험 요소다. 하긴 높은 지위뿐만 아니라 변호사 같은 엄정성을 의미했던 'PR 고문'이라는 직함으로 유명했던 데다 전문 직업인 세계에서 누구보다도 신중하고 근면했던 인물조차 그랬으니. 버네이스는 의뢰인의 제품을 과대선전하기 위한 방법의 일환으로 언뜻 권위 있어 보이는 이른바 '후원 위원회'를 고안해냈다. (그는 지금은 진부해진 이 속임수를 1913년 초에 처음으로 사용했다. 구체적으로 말하면 성병 문제를 대놓고 다룬 프랑스 극작가 외젠 브리외(Eugene Brieux)의 희곡 「손상된 제품(Damaged Goods. 원제 Les Avaries)」의 브로드웨이 공연 승인을 얻어내기 위해 의사들로 이루어진 '위원회'를 꾸렸다.)

몇 년 후 그는 그러한 장치를 또다시 사용했다. 이번에는 미국인들에게 계란 프라이를 얹은 베이컨이 나오는 '정성 어린 아침 식사'를 팔기 위해서였다. '기존의 판매원'은 "좋기 때문에, 활력을 주기 때문에" 등등의 이유를 늘어놓으며 모두에게 베이컨을 더 많이 먹으라고 간곡히 권유하는 광고를 무조건 많이 내보냈을 테지만 버네이스의 접근법은 언제나 그렇듯이 좀더 '과학적'이었다.

새로운 영업인은 사회의 집단 구조와 대중심리학의 원리를 이해하기에 우선 이런 질문부터 던질 것이다.
"사람들 식습관에 영향을 미치는 사람이 누굴까?"
그 답은 명확하다.
"그래, 의사들이지."
그러고 나면 새로운 영업인은 의사들을 찾아가 베이컨 섭취가 건강에 좋다고 공개석상에서 말해달라고 부탁한다. 그는 의사에게 의지하려는 사람들의 심리를 이해하기 때문에 수많은 사람들이 의사의 충고를 따르리라는 것을 정확하게 알고 있다.

이러한 전략은 주효했다. 하지만 버네이스가 베이컨을 판매하는 데 사용했던 과학주의는 베이컨을 섭취하면 높은 지방 성분과 콜레스테롤 때문에 결국 건강에 유익하지 않다는 불편한 과학적 사실과 모순을 일으킨다. 당연히 이러한 위험성은 1920

년대 중반의 미국 의학계에는 확실하게 알려지지 않았고, 버네이스는 비치너트 패킹 컴퍼니(Beech-Nut Packing Company)를 대신해 '정성 어린 아침 식사' 판촉전을 전개했다. 하지만 그의 세계에서는 무엇이 '진실'인지를 결정하는 것은 눈에 띄는 합의라는 점이 중요하다. 당대의 의사들에게 기댔다고 해서 그를 탓할 수는 없다. 그렇다고 그가 기름진 음식의 위험성을 알았다면 그 문제를 신중하게 다루었을 것이라는 뜻은 아니다.

하지만 이 점에서 버네이스는 누구보다도 윤리적이었다. 흡연의 폐해가 대충 얼버무리고 지나가기에는 불가능한 지경에까지 이르자 버네이스는 담배 회사의 광고 대행 업무를 중단했을 뿐만 아니라 담배 비판의 선봉장이 되어 미국PR협회(Public Relations Society of America)를 상대로 회원들이 흡연 습관 보급에 어떤 식으로든 참여하지 못하도록 활발하게 로비를 벌이기도 했다.[14]

버네이스는 성실한 자세만으로도 칭찬을 살 만하다. 그는 평생에 걸쳐 PR 전문가들의 엄격한 윤리 규범 마련에 헌신했다. 하지만 여기서 이 문제는 윤리적인 성격을 띤다기보다 인식론의 성격을 띤다. 선전 전문가들의 영향력 아래 놓인 세상에서 값비싼 진실이 밖으로 나와 진실로서 세상 속으로 걸어 들어간다는 게 과연 가능할까? 어떤 생각이 더 이상 괴상한 이론이나 좌익이나 우익의 터무니없는 망상이 아니라 용인되어야 하는,

담배 러키 스트라이크의 광고 포스터. 1930년대 섹스 심볼로 유명한 영화배우 진 할로 (Jean Harlow, 1911~1937)가 요염한 포즈를 취하며 "최고야(Cream of the Crop)", "러키(스트라이크)만큼 좋은 건 없어(There's none so good as LUCKIES)"라고 말하고 있다. 아래에는 '구운(toasted) 담배라서 자극적이지 않고 기침도 나지 않는다'는 문구가 보인다. 버네이스는 유명한 연예인과 운동선수 등을 내세워 담배가 살을 빼서 날씬한 몸매를 유지하는 데 도움이 되고 구강 살균과 신경 안정에도 효과가 있다고 선전함으로써 여성들의 흡연율을 크게 높였다.

나아가 결국 용인되는 그 무엇으로 바뀌는 시점은 과연 언제일까?

담배에 대한 버네이스의 최종 입장은 실로 칭찬받을 만했다. 특히 1920년대 말부터 조지 워싱턴 힐(George Washington Hill)의 아메리칸 토바코 컴퍼니(American Tobacco Company)의 판촉 업무를 위탁받아 놀라운 성과를 거두었다는 점을 고려할 때 더욱 그렇다. (그는 힐을 도와 러키 스트라이크(Lucky Strike)를 엄청나게 팔았다.) 하지만 흡연의 위험성은 1950년대 들어 반(反)흡연 선전이 탄력을 받기 전에 이미 입증됐다. 1941년부터 비주류 언론인 조지 셀디스(George Seldes)가 부정부패를 들추어내는 자신의 조그만 신문 《인 팩트(In Fact)》의 지면을 통해 흡연과 관련한 의학계의 발견 내용을 과감하게 보도했다.

그러나 《리더스 다이제스트(Reader's Digest)》를 제외하고 언론사든 방송사든 미국의 그 어떤 보도 기관도 담배 과학자들이 밝혀내는 사실에 대해 감히 입도 뻥긋하지 못했다. 광고에 힘입은 이러한 보도 관제는 대략 1970년대까지 지속됐다. 담배 회사들의 영향력은 그 정도로 막강했다. 담배 회사들은 버네이스 같은 선전의 귀재를 기용했고, 그 결과 대부분의 사람들은 자신이 무엇을 들이마시는지도 모른 채 계속 희희낙락했다.

버네이스는 담배에 관한 진실에 눈을 떴고 명예롭게 처신했다. 그럼에도 기업의 선전은 입장이 난처한 언론계를 짓눌렀다.

초기의 경고는 반향을 일으키는 데 실패하고, 담배가 일으키는 질병이 날로 증가하는데도 대중은 관심을 보이지 않았다. 흡연의 위험성은 지구 온난화와 더불어 아주 최근까지도 이러한 과정을 밟아왔다. 그 점에서는 휴대 전화의 발암 위험성과 플루오르화물(fluoride)의 유해한 부작용도 마찬가지다. 이 두 경우는 오늘날 공중의 건강을 위협하는데도 보도되지 않고 있는 사례 중 빙산의 일각에 불과하다. 이러한 경우에서는 불의를 폭로하는 기자가 선전가의 적이 될 수밖에 없다. 전자가 대중의 알 권리에 이바지한다면 후자는 대중의 알 권리에 거슬러 일하는 경향이 있기 때문이다.

당연히 버네이스도 이 책에서 불의를 파헤치는 데 혈안이 된 채 선전을 하기 위해 기용된 자신의 찬란한 견해를 늘 어둡게 가리려고만 드는 언론에 적대감을 드러낸다. 그러한 견해가 잘못됐을 수도, 불완전할 수도 있지만 『프로파간다』에서 그러한 가능성은 어디에서도 언급되지 않는다. "대기업은 스스로의 진정한 개성을 표현할 수 있는 조처는 뭐든 연구한다." 저자는 이러한 표현을 통해 기업의 성격은 언제나 호감이 가고, 매력적이고, 선량하다고 분명히 암시한다. 프톨레마이오스(Ptolemaeos)의 명제나 중세의 미신처럼 근거가 박약한 개념이다. 다시 담배 이야기로 돌아가면, 담배 반대 선전이 흡연의 실제 효과를 둘러싼 공중의 담론을 오랫동안 저지해온 담배 찬성 선전을 결국 압도했다. 이번에도 버네이스는 기존의 사업 방식을 대체하는 합리적인 방도를 앞세워 모든 개념은 아니었다 해도 모든 논의를 잠재웠다.

예를 들어 1929년 버네이스는 '빛의 황금 축제'를 선보였다. 토머스 에디슨(Thomas Edison)과 헨리 포드(Henry Ford)의 공동 출연을 통해 극적인 분위기를 한껏 고조시킨 이 웅장한 행사는 표면상으로는 에디슨의 전구 발명 50주년을 맞이해 사전 계획 없이 우연히 열린 진지한 기념식의 성격을 띠었다. 하지만 이 축제는 제너럴 일렉트릭과 미국의 전력을 독점하기 위해 제너럴 일렉트릭이 내세운 비밀 전위 부대 미국전력협회(National Electric Light Association, NELA)의 이익을 대변하는 선전 공세에 지나지 않았다. 1919년부터 1934년까지 미국전력협회는 전력 시설의 공영화를 막기 위해 미국 역사상 가장 대규모의 평시 선전 활동을 벌였다. 당시 민간 자본이 국가의 전력 공급을 완전히 책임져야 한다는 개념에는 논쟁의 여지가 없었나.[16]

마찬가지로 1953년에도 버네이스는 과테말라가 공산주의자 손에 전복될 위험에 처했다는 신화를 퍼뜨리는 데 기여했다. 버네이스는 실제로 그렇게 믿었다. 이는 그의 회고록을 보면 명확하게 드러난다.[16] 그러니까 버네이스가 유나이티드 프루트 컴퍼니(United Fruit Company)에 기용되어 있었을 때의 일이었다. 당시 이 거대 식료품 회사는 아이젠하워(Eisenhower) 행정부에 중

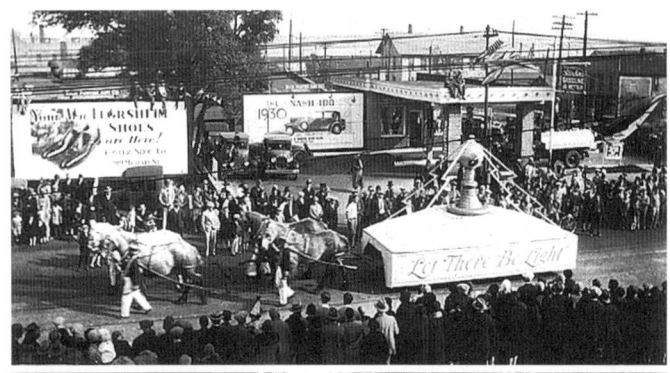

'빛의 황금 축제'를 기념하는 시가행진(위)과 기념비 제막식. 시가행진을 하는 마차에 "빛이 있으라(Let There Be Light)"라는 문구가 쓰여 있다. 1929년.

앙정보국(CIA)을 활용해 민주적인 절차를 걸쳐 선출된 하코보 아르벤스구스만(Jacobo Arbenz-Guzman) 정부를 전복해달라고 청원했다. 그 결과 과테말라는 자국의 의사와 상관없이 '준(準)파시스트 과두 정치(quasi-fascist oligarchy)'라는 끔찍한 현대사의 시기로 이행하게 됐다. 그때부터 세심한 감시의 눈초리 아래서 값싼 원주민 노동자들이 채취한 바나나와 파인애플이 엄청난 이윤과 함께 안전하게 북쪽으로 유입됐다. 버네이스도 그렇고 유나이티드 프루트 컴퍼니도 그렇고, 뭔가 다른 가능성, 즉 굳이 식민지 시대로 역행하지 않아도 되는 덜 충격적인 방법은 생각하지 못했다. 당연히 이 문제는 공론화되지 못했다.

선전의 역설

저자의 직업을 선전하는 역할을 톡톡히 해냄으로써 『프로파간다』는 기업 세계에서의 버네이스의 명성에 빛을 더하며 크게 성공을 거두었고, 그 결과 그에게 새로운 의뢰인들을 선사했다. 하지만 '선전'의 지위를 회복하기 위한 선전의 측면에서 보면 이 책은 성공하지 못했다. 그 문제에 관한 한 어떤 책도, 아니 어떤 종류의 선전도 이 논란 많은 단어의 지위를 예전으로 돌려놓지 못했을 것이다.

1928년에 들어서도 이 단어의 부정적인 의미는 퇴색하지 않았다. 오히려 그 반대였다. 10여 년간 연합국 정부는 너무나 체계적이면서도 독창적인 방법을 통해 사실을 점차 왜곡함으로써 민주주의의 두 거두, 영국과 특히 미국의 국민들을 속였다. 승리의 전율이 시들해지고 군인들이 다치거나 불구가 된 채 집으로 돌아왔다. 그런 가운데 전쟁의 명분은 예전처럼 그렇게 확실해 보이지 않았다. 회고록, 회상, 일기 출간, 만찬 후 연설, 역사적 고찰이 뒤늦게 홍수를 이루면서 '야만족'을 깎아내리기 위해 이루어졌던 선전 정책의 추잡한 면모가 만천하에 드러나기 시작했다.

처음에는 연합국의 추잡한 속임수가 《뉴 리퍼블릭(New Republic)》과 같은 진보주의 신문을 통해서만 보도되고 비난받았다. 1920년대 중반에 들어서자 우익 기관지라고 할 수 있는 《새터데이 이브닝 포스트(Saturday Evening Post)》조차 전시 선전을 둘러싼 실망스런 진실을 폭로 기사의 주제로 다루었다. 이제 언론계 전체가 '선전'을 손가락질했다. 비난은 우리의 순결한 문화를 짓밟은 세력은 프로이센과 붉은 군대 같은 음험한 외국 세력이 아니라 그보다 훨씬 더 나쁜 바로 우리의 선전가들이라는 내용이 주를 이루었다. 이제 미국의 다양한 이익집단이 결탁해 국민을 명분도 없는 외국의 살육 현장으로 내몰았다는 사실이, 일반 기업은 물론이고 친영국 성향의 금융 이익집단(모건 하우스(House of Morgan) 등), 무기 제조업체, 반좌익 집단이 앞장서서 정부를 거들었다는 사실이 밝혀졌다(그런 가운데 더러 터무니없이 과장된 비난이 쏟아지기도 했다.). 1920년대부터 제2차 세계대전이 발발할 때까지 '선전'이라는 단어는 단지 거짓말이 아니라 배신의 의미를 띠면서 갈수록 품격이 떨어졌다.

따라서 1928년 이 책이 세상에 나왔을 때 대중의 눈에 비친 버네이스의 위상은 기괴할 수밖에 없었다. 같은 해에 선전에 관한, 그러나 성격이 매우 다른 또 한 권의 책이 출간됐다. 다름 아니라 연합국 정부가 유포한 굵직한 거짓말을 일목요연하게 정리한 영국 하원 의원 아서 폰손비(Arthur Ponsonby)의 『전시의 거짓말(Falsehood in War-Time)』이다.[17] 이 책에서 폰손비는 거짓말을 하나하나 논박하며 그런 거짓이 어떻게 그리고 왜 나오게 됐고 퍼져나갔는지를 설명한다. 이 책은 출간되자마자 영국과 미국에서 극찬을 받았다. 버네이스가 평생에 걸쳐 정당화하려고 했던 기술을 반박하는 최종 변론이라고도 할 수 있는 다소 부둑둑한 이 책에 비하면 버네이스의 교활한 『프로파간다』는 그처럼 강하게 공감을 불러일으키는 데 실패했다.

하지만 선전가로서 버네이스는 게임에서 지지 않았다. 물론 문제의 단어는 지극히 경멸스런 의미로 계속 쓰였고, 그 점에선 오늘날도 마찬가지다. 버네이스는 선전에 대한 낙천적인 견해, 더욱이 그가 논쟁할 때 종종 사용했던 궤변 때문에 대중에게 논쟁에서 밀린다는 인상을 심어주었을 뿐만 아니라 기업 선전의 사기성과 천박한 목적에 질린 사람들로부터 경멸 어린 시선을 엄청나게 받았다. (1920년대와 1930년대에는 오늘날보다 그런 혹평가들이 훨씬 더 많았고, 그들의 비난 내용도 오늘날보다 접근하기가 훨씬 더 용이했다.)

하지만 버네이스의 우선권을 감안할 때 그런 식의 취급에도 그는 그다지 상처를 받지 않은 듯하다. 그가 가장 신경을 많이 썼던 청중은 대중도 아니었고, 그의 기술을 그토록 경멸했던 지식인도 분명 아니었다. 그는 그 기술의 가치를 이해하는, 나아가 그 기술을 적용할 여력이 있는 사람들을 대상으로 이 책을 썼다.[18] 대중은 당연히 갈수록 '선전'을 불신했지만 선전의 지지자들은 그 놀라운 성과에 혀를 내둘렀고, 그런 가운데 선전은 갈수록 세를 불려 나갔다. 이 책에서 버네이스는 선전이 "대중의 지지를 획득하는 데서 그 효과를 인정받을 뿐만 아니라 실제로 그 활용이 증가하고 있다."는 데 주목한다. 선전을 가장 끔찍하게 여기는 사람들조차 선전에 쉽게 넘어간다. 버네이스는 그러한 역설을 완전히 이해하고 있었다. 다른 누구보다도 에드워드 버네이스가 우리를 위해 만든 세상을 바꾸고자 한다면 우리 또한 그 역설을 이해하려고 노력해야 한다.

2004년 7월 뉴욕에서
뉴욕 대학교 미디어학 교수
마크 크리스펀 밀러

머리말 주(註)

1. 그레고리우스 교황의 라틴어 칙서 원문은 다음에 수록되어 있다. *Magnum bullarium Romanum: bullarum, privilegiorum ac diplomatum Romanorum Pontificum amplissima collectio* (Graz, Austria: Akademische Drucku. Verlagsanstalt, 1964-1966). 아래의 인터넷 주소로 노트르담 기록 보관소에 접속해도 자료를 열람할 수 있다. http://classic.archives.nd.edu/bull.htm.
2. William Thomas Brande, *A Dictionary of Science, Literature and Art* (London: Longman, Brown, Green, and Longmans, 1842).
3. *The Collected Works of Ralph Waldo Emerson* (Cambridge, Mass.: Harvard University Press, 1994), vol. 5, *English Traits*, p. 25.
4. 리프먼은 1922년에 펴낸 『여론』에서 '합의의 조작(manufacture of consent)'을 언급한다. *Public Opinion* (New York: Free Press, 1997), p. 158.
5. '선전'이라는 용어에 대한 전후의 지적 거부감을 다룬 중요한 연구는 다음을 참조하라. Brett Gary, *The Nervous Liberals: Propaganda Anxieties from*

World War I to the Cold War (New York: Columbia University Press, 1999), esp. pp. 15-53.
6. George Creel, How We Advertised America (New York: Harper & Brothers, 1920), p. 3.
7. Bernays, E. L., "Are We Victims of Propaganda?" The Forum, 81(3), March, 1929, 142-149. 버네이스의 위 논문은 선전에 반대 의견을 개진했던 사회심리학자 에버렛 딘 마틴(Everett Dean Martin)과의 활발한 교류 속에서 탄생했다. 마틴의 『군중의 행동: 심리학적 고찰(The Behavior of Crowds: A Psychological Study)』(1911)이 버네이스의 사고에 커다란 영향을 미쳤다는 점에서 이 논쟁은 주목할 만한 가치가 있다. Stuart Ewen, PR! The Social History of Spin (New York: Basic Books, 1996), p. 144.
8. 버네이스는 다음에서 이 말을 논의에 올렸다. Biography of an Idea: Memoirs of Public Relations Counsel Edward L. Bernays (New York: Simon & Schuster, 1965), pp. 287ff. 그보다 선배인 크릴과 마찬가지로 그 역시 이 말이 갑자기 경멸의 의미를 지니게 된 원인을 '선전'을 적의 활동으로 계속 몰아붙였던 연합국이 아니라 적 자체로 돌린다는 점에서 주목할 필요가 있다. "독일 황제와 공산주의자에 의해 이 말이 변질되긴 했지만 (1918-1919년에) 나는 스스로를 선전가라고 부르는 데 주저하지 않았다."
9. Lippmann, Public Opinion, p. 251. "민주주의의 이상향(The democratic El Dorado)"은 같은 책 195쪽에 있다.
10. 이웬은 마침내 노년에 접어든 버네이스를 인터뷰하는 데 성공했다. 버네이스의 위계제 세계관에 대해서는 다음을 참조하라. PR! The Social History of Spin, pp. 9-10.
11. Frederick E. Venn, "The Demagogue," W. Brooke Graves, ed., Readings in Public Opinion: Its Formation and Control (New York and

London: D. Appleton, 1928).

12. Marcel Bleustein-Blanchet, *The Rage to Persuade: Memoirs of a French Advertising Man*, trans. Jean Boddewyn (New York and London: Chelsea House, 1982), p. 98.

13. Shirley Polykoff, *Does She... Or Doesn't She?: And How She Did It* (Garden City, New York: Doubleday, 1975), p. 38.

14. 버네이스의 담배 반대 로비에 대해서는 다음을 참조하라. John Stauber and Sheldon Rampton, *Toxic Sludge Is Good for You: Lies, Damn Lies and the Public Relations Industry* (Monroe, Maine: Common Courage Press, 1995), p. 32.

15. 하지만 수십 권에 달하는 놀라운 내용의 보고서를 통해 연방거래위원회 (Federal Trade Commission)가 지휘했던 대대적인 선전 공세가 드러나면서 논쟁이 일었다. 그 중 몇 권은 고의로 은폐한 게 명백한 추문을 들추어냈다. 예를 들면 다음과 같다. Ernest Henry Gruening, *The Public Pays: A Study of Power Propaganda* (New York: The Vanguard Press, 1931); Jack Levin, *Power Ethics* (New York: Alfred A. Knopf, 1931).

16. 버네이스는 다음의 저작에서 과테말라 사태에 얽힌 이야기를 전한다. *Biography of an Idea*, pp. 744-75. 과테말라의 쿠데타에 대한 미국의 대응과 버네이스의 의뢰인이었던 유나이티드 프루트 컴퍼니가 그 과정에서 담당한 역할을 좀더 자세히 알고 싶다면 다음을 참조하기 바란다. Stephen C. Schlesinger, Stephen Schlesinger and Stephen Kinzer, *Bitter Fruit: The Story of the American Coup in Guatemala*, rev. ed. (Cambridge, Mass.: Harvard University Press, 1999).

17. Arthur Ponsonby, *Falsehood in Wartime: Propaganda Lies of the First World War* (London: George Allen & Unwin, 1928).

18. 선전가 집단 안에서 '선전'은 언뜻, 더러는 공공연히 중립의 의미로 사용됐다는 점에 주목할 필요가 있다. 미국에서 반(反)선전 정서가 최고조에 이르렀던 1930년에도 그랬다. 그 당시의 한 광고 교본에 보면 '교육용 영화'(즉 선전 영화)를 추켜세우는 대목이 나온다. "선전 분야에서 여론을 환기하고 통제하는 데 그보다 더 강력한 수단은 거의 찾아볼 수 없다." Carl Richard Greer, *Advertising and Its Mechanical Reproduction* (New York: Tudor Publishing, 1931), p. 68. 지식인 사회가 전개하는 선전 활동에서 '선전'은 흔히 경멸의 의미로 사용되는데도 불구하고 오늘날 미국의 지식인 사회에서는 금지된 이 용어를 이처럼 아무렇지도 않게 상습적으로 사용하는 일이 비일비재하다.

차례

추천의 글 · 7

머리말 · 13

1장 혼돈에서 질서로 · 59

2장 새로운 선전 · 75

3장 새로운 선전가 · 93

4장 PR의 심리학 · 113

5장 기업과 대중 · 133

6장 선전과 정치 지도력 · 169

7장 여성의 활동과 선전 · 197

8장 교육을 위한 선선 · 207

9장 선전과 사회사업 · 225

10장 예술과 과학 · 235

11장 선전의 원리 · 249

저자에 대하여 · 263

옮긴이의 글 · 271

일러두기

이 책에 나오는 개념 가운데 몇 가지와 일부 자료는 《북맨(The Bookman)》,《딜리니에이터(The Delineator)》,《광고와 판촉(Advertising and Selling)》,《인디펜던트(The Independent)》,《미국사회학회보(The American Journal of Sociology)》를 비롯해 여타 학술지에 실린 기사들에서 발췌했다. 게재를 허락해준 관계자에게 이 자리를 빌려 감사를 전한다.

나의 아내 도리스 E. 플레이시맨에게

1장

혼돈에서 질서로
ORGANIZING CHAOS

1913년 5월 1일 노동절에 뉴욕의 유니언 스퀘어에 운집해 있는 아나키스트 군중.

대중의 관행과 의견을 의식과 지성을 발휘해 조작하는 것은 민주주의 사회에서 중요한 요소이다. 사회의 이 보이지 않는 메커니즘을 조작하는 사람들이야말로 국가의 권력을 진정으로 지배하는 '보이지 않는 정부(invisible government)'를 이룬다.

우리는 한 번도 들어본 적이 없는 사람들의 통치를 받으며 우리의 생각을 주조하고, 취향을 형성하고, 아이디어를 떠올린다. 우리의 민주주의 사회가 어떻게 조직되는지를 고려할 때 이는 논리적으로 당연한 결과다. 원활하게 기능하는 사회로서 함께 살아가려면 인간은 이런 식으로 협력해야 한다.

우리의 보이지 않는 통치자들은 은밀한 내각에서 활동하는 동료 구성원들의 정체를 대체로 알지 못한다.

그들은 타고난 지도력과 대중이 필요로 하는 견해를 공급하는 능력, 사회 구조 안에서 차지하는 중요한 위치를 통해 우리를 통치한다. 이러한 상황을 어떻게 바라보든 상관없이 정치의 영역에서든 기업의 영역에서든, 사회적 행동에서든 윤리적 사고에서든 우리 일상의 거의 전 분야에서 우리는 상대적으로 소수인 집단의 지배를 받는다. 우리 1억 2천만 명 중에서 대중의 사고와 행동 양태를 이해하는 사람들은 그야말로 극히 소수에 지나지 않는다. 대중의 생각을 지배하는 끈을 잡아당기면서 사회의 노후한 힘에 박차를 가하고, 세상을 하나로 묶어 인도할 새로운 방법을 모색하는 사람들은 바로 이들이다.

이 보이지 않는 통치자들이 우리의 집단생활이 질서정연하게 돌아가도록 하는 데 얼마나 필요한 존재인지를 자각하는 사람은 별로 없다. 이론상으로 모든 시민은 자신이 좋아하는 사람에게 투표권을 행사할 수 있다. 우리의 헌법은 정당을 정부 기관의 일부로 보지 않는다. 아마도 입헌자들은 현대 정부 기구 등의 국가 정치에서 정당을 배제했던 것 같다. 하지만 미국의 유권자들은 아무런 조직과 방향 없이 유권자 개개인이 수백 명의 후보들에게 무작위로 표를 던질 경우 혼란만 가져올 뿐이라는 점을 곧 깨달았다. 원시 정당의 형태를 띠는 보이지 않는 정부는 거의 하룻밤 사이에 생겨났다. 그때 이후로 우리는 간소함과

편의를 위해 정당 기구가 선택의 범위를 두 명의 후보, 또는 많아야 서너 명으로 좁혀야 한다는 데 동의해왔다.

   이론상으로 모든 시민은 공공의 사안과 개별 행동의 문제에 대해 스스로 결정을 내릴 수 있다. 하지만 문제가 닥칠 때마다 그와 관련된 난해한 경제, 정치, 윤리 정보를 시민 개개인이 직접 연구해야 한다면 그 어떤 결론도 내리지 못할 것이다. 우리의 선택 범위를 현실에 부합하는 비율로 좁히기 위해 우리는 보이지 않는 정부가 각종 정보를 추려내 중요한 사안만 부각시키도록 하는 데 기꺼이 동의했다. 우리의 지도자와 그들이 대중에게 다가가기 위해 사용하는 매체를 통해 우리는 공공의 문제와 관계있는 사안들의 증거와 범주를 받아들인다. 성직자가 됐든, 마음에 드는 논객이 됐든, 아니면 그저 유력한 견해가 됐든 일종의 윤리 교사를 통해 우리는 표준화된 사회 행동 규범을 수용하고 대개의 경우 거기에 순응한다.

   이론상으로는 나들 시장에서 가장 품질 좋고 값싼 세품을 구입한다. 하지만 가짓수가 수십 개가 넘는 비누나 직물, 또는 상표가 수십 개가 넘는 빵을 사기 전에 여기저기 기웃거리며 가격을 비교하고 성분을 직접 확인해야 한다면 경제 생활이 가망 없이 꽉 막혀 꼼짝도 못할 것이다. 그러한 혼란을 피하기 위해 사회는 온갖 종류의 선전을 통해 이목을 끄는 몇 가지 생각과 제품으로 선택의 범위를 좁히는 데 합의한다. 그 결과 특정 정책

1892년 10월 28일 알렉산더 그레이엄 벨(Alexander Graham Bell, 1847~1922)이 뉴욕에서 시카고에 이르는 장거리 전화 회선의 개통식에 참석해 시연하고 있다.

이나 상품 또는 아이디어를 내세워 우리의 마음을 사로잡으려는 광범위하고도 지속적인 노력이 이어진다.

어쩌면 선전과 일방적 호소보다는, 우리의 통치자를 선택할 현명한 사람들로 위원회를 꾸려 사적인 영역과 공적인 영역 전반에 걸쳐 우리의 행동을 지배하고, 우리가 입을 가장 좋은 옷과 우리가 먹을 가장 좋은 음식을 결정하게 하는 편이 더 나을지도 모른다. 그러나 우리는 그 반대의 방법, 즉 공개경쟁의 방법을 선택했다. 우리는 자유로운 경쟁이 합리적이고 원활하게 기능할 수 있는 길을 모색해야 한다. 그 길을 찾기 위해 사회는 지도자와 선전의 손에 자유로운 경쟁의 조직화를 맡겼다.

이러한 과정의 현상 중 더러는 비난을 받는다. 예를 들어 정치인, 기업, 사회 이론가의 경우 뉴스 조작, 제품 특성 부풀리기, 과대선전을 통해 대중의 의식을 파고든다는 비난을 받는다. 물론 여론을 조직하고 이끄는 도구가 잘못 사용될 수도 있다. 그러나 여론을 조직하고 이끄는 것은 질서정연한 삶에 반드시 필요하다.

문명이 갈수록 복잡해지면서, 보이지 않는 정부의 필요성이 갈수록 현저해지면서 질서정연하게 조직화된 견해가 기술적인 수단을 발명하고 발전시켜왔다.

인쇄기와 신문, 철도, 전화, 전신, 라디오와 비행기 덕분에 아이디어가 미국 전역에 급속하게, 심지어는 동시에 퍼져나갈 수 있다.

허버트 조지 웰스(Herbert George Wells. 영국 소설가이자 문명 비평가. 옮긴이)는 이러한 발명의 엄청난 가능성을 인식하고 《뉴욕 타임스(New York Times)》에 다음과 같은 글을 게재했다.

> 현대 통신 수단, 즉 전략상 또는 기술상의 개념을 신속한 답변과 효율적인 토론을 특징으로 하는 수많은 협조의 장으로 빠르게 전달하는 인쇄물, 전화, 무선 전신 등이 새로운 정치 과정의 세계를 열었다. 이제는 아이디어와 문구가 그 어떤 유명 인사를 내세우는 것보다 효과적이고 그 어떤 정파의 이권보다 강력하다. 공동의 목표가 왜곡과 배신에 맞서 상세히 알려지고 지지를 받는다. 덕분에 개인, 지역, 정파의 오해 없이 공동의 목표를 꾸준히 그리고 널리 입안하고 전개할 수 있게 됐다.

웰스가 정치 과정에 대해 언급한 내용은 상업 과정과 사회 과정뿐 아니라 대중 활동의 모든 측면에 동일하게 적용된다. 오늘날 사회의 집단화와 제휴는 '지역과 파벌'의 한계에 더 이상 영향받지 않는다. 헌법이 채택됐을 때는 조직의 단위가 마을 공동체였다. 이 마을 공동체에선 필요한 제품의 대부분을 스스로 생산하면서 주민들 간의 직접적인 접촉과 토론을 통해 집단 견해를 형성했다. 그러나 오늘날은 견해가 거리나 사람 수에 상관없이 동시에 전달되기 때문에 다른 종류의 집단화가 지역 중심의 이러한 통합을 보충하고 있다. 그 결과 사는 곳이 서로 몇천 마일 떨어져 있다 해도 똑같은 견해와 관심사를 지닌 사람들의 경우 공동의 행동을 목표로 제휴할 수 있다.

우리 사회에서 이러한 분파가 얼마나 많고 다양한지를 파악하기란 지극히 어렵다. 사회, 정치, 경제, 인종, 종교, 또는 윤리적인 성격을 띠는 단체가 저마다 수백 개의 지부를 거느리고 활동하고 있을지도 모른다. 예를 들어 『세계 연감(The World Almanac)』에 보면 A 항목 아래 다음과 같은 단체가 소개되어 있다.

> 미국사형폐지연맹(American League to Abolish Capital Punishment), 전쟁반대연합(Association to Abolish War), 미국회계사협회(American Institute of Accountants), 배우조합(Actors' Equity Association), 미국보험셰리사협회(Actuarial Association of America), 국제광고협회(International Advertising Association), 전국비행사협회(National Aeronautic Association), 올버니역사예술연구소(Albany Institute of History and Art), 아멘코너(Amen Corner), 미국로마학술원(American Academy in Rome), 미국골동품애호가협회(American Antiquarian Society), 미국시민권연맹(League for American Citizenship), 미국노동자연합(American

Federation of Labor), 장미십자회(Ancient and Mystical Order Rosac Crucis, AMORC. Rosicrucian Order), 앤다이어런클럽(Andiron Club), 미국-아일랜드역사협회(American-Irish Historical Association), 반(反)담배동맹(Anti-Cigarette League), 반신성모독동맹(Anti-Profanity League), 미국고고학협회(Archeological Association of America), 전국양궁협회(National Archery Association), 아리온찬송회(Arion Singing Society), 미국천문학협회(American Astronomical Association), 에어셔축산가협회(Ayrshire Breeders' Association), 1847아스텍클럽(Aztec Club of 1847).

이는 'A'라는 항목 아래 나와 있는 수많은 단체 중 극히 일부에 지나지 않는다.

1928년에 발행된 『미국신문연감(The American Newspaper Annual and Directory)』은 미국의 정기 간행물을 22,128종으로 추산한다. 그 중 무작위로 시카고에서 출간되는 N 항목의 간행물을 골라 소개하면 다음과 같다.

《나로드(Narod, 보헤미아 일간지)》, 《나로드-폴스키(Narod-Polski, 폴란드 월간지)》, 《전국소매약제사협회(National Association of Retail Druggists, NARD)》, 《전국기업리포터

(National Corporation Reporter)》,《전국요리동향(National Culinary Progress, 호텔 주방장을 위한 잡지)》,《전국개저널(National Dog Journal)》,《전국약국원(National Drug Clerk)》,《전국기술자(National Engineer)》,《전국식료품상(National Grocer)》,《전국호텔리포터(National Hotel Reporter)》,《전국소득세지(National Income Tax Magazine)》,《전국귀금속상(National Jeweler)》,《전국카이로프랙틱저널(National Journal of Chiropractic)》,《전국축산가(National Live Stock Producer)》,《전국제분업자(National Miller)》,《전국견과뉴스(National Nut News)》,《전국가금버터계란동향(National Poultry, Butter and Egg Bulletin)》,《전국육류포장인(National Provisioner)》,《전국부동산저널(National Real Estate Journal)》,《전국소매의류상(National Retail Clothier)》,《전국소매목재상(National Retail Lumber Dealer)》,《전국안전뉴스(National Safety News)》,《전국심령술사(National Spiritualist)》,《전국보험업자(National Underwriter)》,《전국보건(The Nation's Health)》,《나우이예노스(Naujienos, 리투아니아 일간지)》,《새내기(New Comer, 이탈리아인을 위한 공화당 주간지)》,《데일리 뉴스(Daily News)》,《신세계(The New World, 가톨릭 주간지)》,《북미은행인(North American Banker)》,《북미수의사(North American Veterinarian)》.

이 가운데 몇몇 간행물의 발행 부수는 실로 놀라운 수준이다. 예를 들어 《전국축산가》는 155,978부, 《전국기술자》는 20,328부, 《신세계》는 67,000부로 잠정 집계된다. 총 22,128종 가운데서 무작위로 추려낸 위의 간행물 중 대다수가 1만 부가 넘는 발행 부수를 자랑한다.

이들 간행물의 다양한 성격은 언뜻 봐도 명백히 드러난다. 하지만 각종 정보와 견해를 권위를 가지고 개별 집단에 전달하는 이러한 분파가 우리 사회에 얼마나 많이 존재하는지는 그저 희미하게 짐작할 따름이다.

다음은 최근에 나온 간행물 『세계 회의 일정(World Convention Dates)』에서 소개하고 있는, 오하이오 주 클리블랜드에서 열릴 예정인 회의들이다. 이는 모두 5,500건에 이르는 각종 회의와 모임 중 그야말로 빙산의 일각일 뿐이다.

미국사진동판화가고용협회(The Employing Photo-Engravers' Association of America), 자연작가협회(The Outdoor Writers' Association), 성요한기사단(the Knights of St. John), 발터연맹(the Walther League), 미국편물의류협회(The National Knitted Outerwear Association), 성요셉기사단(The Knights of St. Joseph), 스핑크스칙령(The Royal Order of Sphinx), 모기지은행가협회(The Mortgage Bankers' Association), 국제공직자협회

(The International Association of Public Employment Officials), 오하이오키와니스클럽(The Kiwanis Clubs of Ohio), 미국사진동판화가협회(The American Photo-Engravers' Association), 클리블랜드자동차제조업체전시회(The Cleveland Auto Manufacturers Show), 미국난방및통풍기사협회(The American Society of Heating and Ventilating Engineers).

1928년에 열린 다른 회의들을 소개하면 다음과 같다.

의수족제조업자협회(The Association of Limb Manufacturers' Associations), 미국전국서커스팬협회(The National Circus Fans' Association of America), 미국자연요법협회(The American Naturopathic Association), 미국트랩사격협회(The American Trap Shooting Association), 텍사스민속학협회(The Texas Folklore Association), 호텔그리터(The Hotel Greeters), 여우사육자협회(The Fox Breeders' Association), 살충제및살균제협회(The Insecticide and Disinfectant Association), 전국알상자및알상자충전재제조업자협회(The National Association of Egg Case and Egg Case Filler Manufacturers), 미국탄산음료제조업자협회(The American Bottlers of Carbonated Beverages), 전국피클포장업자협회(The National Pickle Packers' Association), 후미거북경주

(The Terrapin Derby).

이 가운데 대부분은 연회와 연설이 동반됐다.

수천 개가 넘는 이 공식 조직과 기관을 빠짐없이 목록에 올린다 하더라도(완전한 목록이 작성된 적은 아직 한 번도 없다.) 공식성이 좀 떨어지긴 하지만 대중의 삶을 활발하게 이끌어가고 있는 수많은 단체에 비하면 그 숫자는 여전히 극히 일부에 지나지 않을 것이다. 동네 브리지 클럽(bridge club)에서 생각이 추려지고 의견이 정해진다. 지도자는 지역사회 활동과 아마추어 연극을 통해 자신의 권위를 역설한다. 수많은 여성이 미처 의식하지 못하는 사이에 여성회에 가입해 단 한 명의 사회 지도자가 선도하는 유행에 따르기 일쑤다.

《라이프(Life)》는 미국을 상위층과 하위층이 없는 나라, 즉 계급 제도가 없는 나라라고 칭찬하는 영국인들에게 보내는 답변에서 이러한 시류를 다음과 같이 풍자하고 있다.

> 그렇다, 우리에게 있는 것이라고는 사교계 인사(the Four Hundred), 화이트칼라(the White-Collar), 주류 밀매자(Bootleggers), 월스트리트의 거물(Wall Street Barons), 범죄자(Criminals), 미국애국여성회(the Daughters of the American Revolution, the DAR), KKK(the Ku Klux Klan), 식민지부인회

(the Colonial Dames), 프리메이슨(the Masons), 키와니스클럽(Kiwanis)과 로터리클럽(Rotarians), 콜럼버스기사단(The Knights of Columbus), 엘크스자선보호회(the Benevolent and Protective Order of Elks), 검열관(the Censors), 감정가(the Cognoscenti), 바보(the Morons), 찰스 린드버그 같은 영웅(Heroes like Lindy), 기독교여성금주협회(the Woman's Christian Temperance Union, the WCTU), 정치인(Politicians), 평론가(Menckenites), 무교육자 계급(the Booboisie), 이민자(Immigrants), 방송인(Broadcasters), 그리고 부자(the Rich)와 빈자(the Poor)밖에 없다.

하지만 이 수많은 집단이 서로 교류하고 있다는 점을 명심해야 한다. 예를 들어 로터리클럽 회원인 사람이 동시에 교회, 공제 조합, 정당, 자선 단체, 직능 단체, 지역 상공회의소, 금주법에 찬성 또는 반대하는 연맹, 관세 인하에 찬성 또는 반대하는 협회, 골프 클럽 회원일 수 있다. 그는 로터리클럽 회원 신분으로 입수하는 정보를 자신이 속한 또 다른 집단에 흘려 영향력을 행사할 확률이 높다.

집단화와 제휴라는 이 눈에 보이지 않는 상호 교류 구조야말로 지금까지 민주주의가 집단 사고를 조직하고 대중의 생각을 단순화해온 방식이다. 그러한 메커니즘의 존재를 개탄한다면 과거는 물론 앞으로도 사회의 존재 자체를 부인하는 것과 다를 바 없다. 그와 같은 메커니즘의 존재를 인정하면서도 사용되지 않기를 바란다면 그야말로 어불성설이다.

독일 전기 작가 에밀 루트비히(Emil Ludwig)는 나폴레옹을 다음과 같이 묘사한다.

여론의 동향을 예의 주시하면서 대중의 목소리에, 예상을 뒤엎는 목소리에 늘 귀를 기울였다. 당시 그는 이렇게 말했다. "무엇보다도 나를 놀라게 하는 게 뭔지 아시오? 바로 조직력의 부재요."

이 책의 목적은 대중의 마음을 지배하는 메커니즘에 이어, 특정 생각이나 제품을 대중에게 선보이고자 할 경우 그러한 메커니즘을 어떻게 조작해야 대중의 지지를 끌어낼 수 있는지를 살펴보는 데 있다. 아울러 현대 민주주의 사회에서 이 새로운 선전의 합당한 위상을 모색하는 한편, 서서히 진화해 나가는 선전 윤리 및 실천 규범도 제시하고자 한다.

2장

새로운 선전
THE NEW PROPAGANDA

1917년 9월 9일자 《뉴욕 타임스》의 사진 섹션 1면. 제1차 세계대전에 참전하려고 영국으로 건너간 미국 군대가 수많은 영국인들이 환영하는 가운데 런던 시내 피카딜리 거리를 행진하고 있다.

왕이 말 그대로 왕이었던 시절 루이 14세는 당당하게 "짐이 곧 국가다."라고 말했다. 그의 말은 거의 옳았다.

하지만 시대는 변했다. 증기 기관, 대량 인쇄가 가능한 인쇄기, 공립학교라는 산업 혁명의 삼총사가 왕에게서 권력을 빼앗아 대중에게 양도했다. 대중은 실제로 왕이 잃어버린 권력을 손에 넣었다. 경제 권력에서 정치 권력이 나오는 경향이 있기 때문이다. 산업 혁명의 역사는 권력이 왕과 귀족에게서 중산 계급으로 어떻게 옮겨갔는지를 보여준다. 보통선거와 보통교육이 이러한 경향에 박차를 가하는 가운데 결국은 중산 계급마저 일반 시민을 두려워하는 지경에 이르렀다. 대중이 왕이 되고자 했기 때문이다.

하지만 오늘날 또다시 반대 현상이 나타나고 있다. 소수가 다수에 영향을 미치는 강력한 수단을 발견했기 때문이다. 즉 대중의 생각을 조종함으로써 대중이 새롭게 얻은 힘을 소수가 원하는 방향으로 유도하는 게 가능해졌다. 현재의 사회 구조 안에서는 그러한 기술이 반드시 필요하다. 정치든, 금융이든, 제조업이든, 농업이든, 자선이든, 교육이든 어느 분야를 막론하고 오늘날 사회적으로 중요한 일을 달성하려면 선전의 도움을 받아야 한다. 선전은 보이지 않는 정부의 실행 부대다.

읽고 쓸 줄 아는 능력의 보편화로 보통 사람도 자신의 환경을 다스리는 법을 배울 수 있게 됐다. 읽고 쓰는 능력을 터득하게 되면 지배하는 데 적합한 사고를 가져야 마땅했다. 민주주의 원칙에 따르면 그랬다. 하지만 읽고 쓰는 능력의 보편화는 대중에게 사고를 가져다주지 않았다. 오히려 대중을 거수기(擧手機)로 만들어버렸다. 다시 말해 대중은 광고 문구, 사설, 출간된 과학 자료, 지리멸렬한 타블로이드 신문 기사와 단조로운 역사 이야기로 가득 채워져 있을 뿐 독창적인 사고는 찾아볼 수 없는 거수기가 되었다. 어느 누구 할 것 없이 모두 똑같은 거수기가 된 상태에서 똑같은 자극에 노출되면 모두가 똑같은 인상을 받을 수밖에 없다. 물론 미국의 대중이 이 대규모 유행 속에서 생각의 대부분을 형성한다고 말한다면 과장일지도 모르겠다. 특정

신념이나 원칙을 확산하고자 하는 조직화된 노력이라는 광의의 측면에서 볼 때 어떤 생각을 널리 유포하는 메커니즘이 바로 선전이다.

물론 '선전'이라는 말이 많은 사람들에게 불쾌한 의미로 와 닿는다는 점을 모르는 바 아니다. 하지만 어떤 경우를 막론하고 선전이 좋은지 나쁜지는 내세우고자 하는 명분의 가치와 발표되는 정보의 정확성에 달려 있다.

'선전'이라는 말은 그 자체로 특정한 전문적 의미를 지닌다. 즉 이 세상 대부분의 사물과 마찬가지로 그 자체로는 "좋지도 나쁘지도 않으며, 그저 관습의 산물일 뿐이다." 아이작 펑크(Isaac Funk)와 애덤 와그널스(Adam Wagnalls)가 편찬한 사전에 보면 문제의 단어를 다음과 같이 네 가지로 정의하고 있다.

1. 해외 선교를 감독하는 추기경 모임; 교황 우르바누스 8세가 선교 사제의 교육을 목적으로 1627년 로마에 설립한 선전 대학; 포교 신학교.
2. 원칙이나 제도를 보급하는 목적을 띠는 단체나 기구.
3. 특정 견해나 방침과 관련해 대중의 지지를 끌어내기 위해 질서정연하게 전개되는 운동.
4. 선전이 주창하는 주의.

《사이언티픽 아메리칸(Scientific American)》은 최근호에서 "고상하고 예스러운 단어 '선전'"의 훌륭한 용도를 회복시킬 것을 호소하며 다음과 같이 말한다.

영어에 '선전'만큼 그 의미가 심하게 왜곡된 단어는 없다. 이러한 변화는 주로 지난 전쟁(제1차 세계대전. 옮긴이) 때 일어났다. 그 결과 이 단어는 음흉한 성격을 띠게 됐다.

『스탠더드 딕셔너리(Standard Dictionary of the English Language)』에 보면 원래 이 단어는 해외 선교를 관리·감독할 목적으로 1627년 로마에 설립된 추기경 성성(聖省) 또는 단체를 지칭했다는 것을 알 수 있다. 또한 교황 우르바누스 8세가 선교 사제의 교육을 목적으로 로마에 세운 포교 신학교를 지칭하기도 했다. 그 후 세월이 흐르면서 이 말은 특정 주의(主義)나 체제를 널리 알리는 기관이나 조직을 지칭하게 됐다.

이러한 정의로 판단하건대 진정한 의미에서 '선전'은 인간 활동의 완전히 적법한 형태라고 볼 수 있다. 친목 도모에 목적을 두든, 종교 활동에 목적을 두든, 정치 활동에 목적을 두든 특정 신념을 가지고 구어로든 문어로든 스스로를 알리고자 하는 단체는 선전을 실행하고 있다.

무릇 진리는 강하며, 널리 알려져야 한다. 누구든 귀중한 진리를 발견했다고 믿을 경우 그러한 진리를 확산시키는 것이 그 사람의 특권이자 의무다. 진리의 확산은 오로지 조직화된 노력을 통해서만 대규모로 그리고 효과적으로 이루어질 수 있다. 이를 깨달을 경우 사람들은 언론과 연단을 진리를 확산하는 최선의 수단으로 활용할 것이다. 물론 작자(作者)가 거짓말인 줄 알면서도, 또는 공동의 선을 침해할 목적을 갖고 고의로 (거짓 정보를) 유포한다면 선전은 비난받아 마땅하다.

본연의 의미에서 '선전'은 정직한 가문에서 태어나 명예로운 역사를 지닌, 그야말로 건전한 단어다. 오늘날 이 말이 음험한 의미를 띠고 있다는 사실은 보통의 어른 안에 아이가 얼마나 많이 남아 있는지를 보여줄 뿐이다. 한 시민 단체가 논쟁의 여지가 많은 문제와 관련해 특정한 방침을 편들어 글을 쓰고 연설을 하면서 그러한 활동이 지역 사회의 이익을 증진한다고 믿는다면, 그것이 선전일까? 천만의 말씀. 진리를 설득력 있게 진술하는 것일 뿐이다. 하지만 또 다른 시민 단체가 반대 의견을 개진하도록 허용할 경우 전자의 활동에는 그 즉시 선전이라는 불길한 이름이 꼬리표처럼 따라붙는다.……

옛날 속담에 "암거위 요리에 쓸 수 있는 양념은 수거위 요리에도 쓸 수 있다."라는 말이 있다. 이 고상하고 예스러운 단어를 한시라도 빨리 원래의 자리로 되돌려 우리 아이들과 그 아이들의 아이들에게 이 단어의 고결한 의미를 되찾아주어야 한다.

선전이 우리 주변에서 일어나는 사건의 전개 과정에 미치는 영향력의 정도는 식자층마저 경악하게 만들지도 모른다. 그럼에도 여론을 좌지우지하는 선전의 권위를 제대로 파악하려면 신문의 행간을 읽어야 한다. 《뉴욕 타임스》 1면에는 매일 여덟 건의 중요한 기사가 실린다. 그 중 네 건, 즉 절반은 선전이다. 무심한 독자는 그 기사들을 저절로 발생하는 사건에 대한 기술로 받아들인다. 하지만 과연 그럴까? 다음은 사건을 전하는 신문 기사 제목들이다.

12개국 원조 제공에 앞서 중국에 진정한 개혁 촉구
프리쳇, 시오니즘의 실패 예고
부동산업자들 교통성 평가 요구
후버 보고서에 따르면 우리나라 생활 수준 사상 최고치 기록

순서대로 살펴보자. 중국 관련 기사는 중국의 혼란스런 상황 속에서 열강의 입장을 대변하는 치외법권위원회(Commission on Extraterritoriality)의 공동 보고서를 다루고 있다. 보고서가 말하는 내용은 실제보다 중요성이 떨어진다. 보고서는 미국 대중에게 국무부의 위상을 알리려는 목적에서 "오늘 국무부에 의해 공개됐다." 여기서 국무부라는 출처는 자료에 권위를 부여하며, 미국 대중은 국무부의 견해를 받아들이고 지지하는 경향이 있다.

카네기 국제평화재단(Carnegie Foundation of International Peace) 이사인 프리쳇(Henry Smith Pritchett) 박사의 보고서는 끊이지 않는 아랍 전쟁의 와중에서 유대인 식민지를 둘러싼 현실 상황을 올바로 파악하려는 시도의 산물이다. 프리쳇 박사는 조사를 통해 시오니즘(Zionism)이 결국은 "유대인과 아랍인 모두를 더욱더 끔찍한 불행으로 몰아넣을 것"이라는 확신에 이르렀고, 이러한 견해는 카네기 국제평화재단의 권위에 힘입어 방송으로 나갔다. 그 결과 대중은 기꺼이 귀 기울였고 보도 내용을 기정사실로 받아들였다. 뉴욕부동산위원회(Real Estate Board of New York) 회장의 발언과 허버트 후버(Herbert Hoover) 상무부 장관의 보고서는 둘 다 여론을 특정한 방향으로 몰고 가려는 의도를 지닌다.

이러한 사례들을 제시한 이유는 선전에는 뭔가 음흉한 게 있다는 인상을 심기 위해서가 아니다. 그보다는 어떤 경로를 거쳐 사건이 의식적인 방향으로 흘러가는지, 나아가 이들 사건 뒤에 있는 사람들이 여론에 어떻게 영향을 미치는지를 살펴보기 위해서다. 위의 예들은 그 자체로 현대 선전의 전범을 이룬다. 이 시점에서 선전을 정의해보는 게 좋을 듯하다.

현대의 선전은 기업이나 사상 또는 집단과 대중의 관계에 영향을 미치기 위해 사건을 새로 만들거나 일정한 방향으로 끼워 맞추려는 일관된 노력이다.

수백만 명의 머릿속에 환경을 창조하고 그림을 그려 넣는 이러한 관행은 매우 흔하다. 오늘날 기업에서는 성당을 건립하든, 대학교에 기부를 하든, 영화를 판촉하든, 채권을 발행하든, 회장을 선출하든 선전 없이는 사실상 아무 일도 이루어지지 않는다. 여론 주도는 선전이 직업인 전문가가 담당하기도 하고, 그 일을 위임받은 아마추어가 담당하기도 한다. 중요한 것은 어느 경우든 보편성과 지속성을 띠며, 군대가 군인들을 엄격히 통제하듯 대중의 마음을 단단히 틀어쥔다는 점이다.

마음을 사로잡히는 사람의 숫자도 엄청나게 많지만 한번 사로잡혔다 하면 그 영향력이 어찌나 대단한지 더러 입법자, 편집인, 교사도 그 앞에서는 속수무책일 만큼 불가항력의 압력을 행사하는 집단이 등장하기도 한다. 월터 리프먼의 지적대로 그런 집단은 스스로의 고정관념에 매달려 여론 주도자라는 강력한 존재를 파도에 떠밀려 다니는 지저깨비로 만들어버린다. 예를 들어 KKK단 총수가 이른바 이상주의에 빠져 백인들로만 구성된 국수주의 국가의 청사진을 제시했다고 가정해보자. 미국의 노년층은 그렇지 않아도 새로운 이민자들에게 자신의 정당한 지위와 기회를 빼앗겼다고 느끼던 차에 자신의 편견에 꼭 들어맞는 그 청사진을 움켜잡고 자신의 것으로 만든다. 그리하여 KKK단 단복을 구입하고 동료들을 규합해 주(州) 선거를 좌지우지하고 국회에 육중한 멍키스패너를 투척할 만큼 거대하고 강

1925년 8월 8일 KKK단이 워싱턴 D. C. 시내를 행진하고 있다.

력한 집단을 형성한다.

　현재 우리의 사회 조직 안에서 뭔가 큰일을 하려면 대중의 동의가 반드시 필요하다. 따라서 아무리 명분이 훌륭한 운동도 대중의 마음을 감동시키지 못하면 실패하기 쉽다. 사실 사업이나 정치, 문학뿐만 아니라 자선도 선전에 기대왔고, 또 그래야 한다. 결핵을 예방하려면 엄격한 관리가 필요하듯 대중의 경우에도 호주머니에서 돈을 꺼내게 하려면 엄격한 관리가 필요하기 때문이다.

　근동구호기구(Near East Relief)와 뉴욕빈민생활개선협회(Association for the Improvement of the Condition of the Poor of New York) 같은 자선 단체들은 치약이라도 팔지 않으면 안 될 것처럼 여론을 움직여야 한다. 우리는 영아 사망률 감소를 자랑스럽게 여긴다. 이 또한 선전의 결과다.

　선전은 우리의 일상생활 전반에 걸쳐 존재하며, 우리의 세계관을 바꾸어놓는다. 지나치게 비관적인 견해일 수 있고 아직 확실하지도 않지만, 의심할 여지 없는 현실이 이러한 생각을 뒷받침한다. 사실 대중의 지지를 얻는 데 그 효율성을 인정받으면서 선전의 사용은 갈수록 늘어나고 있다.

　그렇다면 이는 웬만큼 영향력을 갖춘 사람은 누구나 적어도 한동안 그리고 주어진 목적을 위해 대중을 선도할 수 있다는 사실을 명백하게 보여준다. 전에는 군주가 곧 지도자였다. 그들은 단지 자신이 원하는 것을 행하는 간단한 과정을 통해 역사의 경로를 결정했다. 오늘날 지위나 능력을 통해 군주의 권력을 이어받은 사람들은 대중의 동의 없이는 더 이상 자신이 원하는 일을 할 수 없다. 그럴 경우 그들은 합의를 도출하는 데 갈수록 강력한 힘을 발휘하고 있는 선전에서 방법을 찾는다. 선전이 여전히 명맥을 유지하는 이유는 바로 이 때문이다.

물론 선전이 놀라운 성공을 거둔 것은 전쟁 동안이었다. 전쟁은 몇몇 지식인의 눈을 뜨게 해 삶의 모든 분야에서 대중의 마음을 사로잡을 수 있는 가능성을 열어놓았다. 미국 정부와 수많은 애국 기관은 대중의 동의를 얻어야 하는 사람들이 보기에 완전히 새로운 기술을 개발했다. 그들은 국가의 노력을 뒷받침하기 위해 시각 자료와 청각 자료 등 동원 가능한 수단을 모두 동원해 개개인에게 호소했을 뿐만 아니라 한두 마디만으로도 수백 명, 수천 명, 수만 명의 추종자에게 권위를 행사하는 집단의 중심 인물들로부터 협조를 확보했다.

그들은 그런 방법으로 회원들이 자신이 속한 단체의 지도자와 대변인을 통해 또는 자신이 속한 단체에서 펴내는 정기 간행물을 통해 의견을 형성하는 동호 단체, 종교 단체, 상업 단체, 애국 단체, 친목 단체, 지역 단체의 지지를 어렵지 않게 끌어냈다. 그와 동시에 대중의 머릿속에 상투어처럼 자리 잡은 애국심이라는 해묵은 감정을 자극해 적의 잔학한 행위와 학정에 대한 집단 적개심을 양산했다. 전쟁이 끝나고 나서 지식인들이 동일한 기술을 평화 문제에도 적용할 수 있을지를 놓고 고민한 것은 당연한 일이다.

사실 선전 관행은 전쟁 이후에 20년 전과는 매우 다른 형태를 취해왔다. 이 새로운 기술은 새로운 선전이라고 불러야 옳을 듯하다.

새로운 선전은 단순히 개개인이나 대중의 마음만이 아니라 사회 구조와 더불어 서로 밀접하게 맞물린 채 그 구조를 이루는 각계각층과 각 계층의 충성도까지 고려한다. 새로운 선전은 개개인을 사회라는 유기체를 구성하는 세포로서뿐만 아니라 사회라는 단위를 구성하는 세포로도 바라본다. 민감한 부위의 신경을 건드리면 유기체의 특정 기관이 자동 반사 반응을 보인다.

사업 분야에서는 시장을 상실하고 있는 섬유업체 같은 이익 집단이 대중에게 미칠 수 있는 영향력이 생생하게 드러난다. 이 문제는 벨벳 제품이 오래 전에 유행에서 밀려나는 바람에 벨벳 제조업체들이 파산에 직면하면서 발생했다. 분석 결과 미국에서 벨벳의 유행은 끝난 것으로 나타났다. 소생책 모색을 위한 분석 작업이 이루어졌다! 답은 파리였다! 명확했다! 하지만 그렇기도 하고 아니기도 했다. 파리는 패션의 본고장이다. 리용은 비단의 본고장이다. 근원을 공략해 들어가야 했다. 우연에 기대기보다 적극적으로 기회를 만드는 한편 유행을 보급하는 정보원을 활용해 여론에 영향을 미치기로 했다.

업계의 공공연한 지원 아래 벨벳의 유행을 부활시키려는 움직임이 조직적으로 전개됐다. 그러한 움직임의 일환으로 맨 먼저 리옹의 제조업자와 파리의 패션 디자이너와 접촉해 패션 동향을 진단하고 벨벳의 유용성을 대변하도록 그들을 설득하는 한편, 제품 개발에 필요한 도움을 주기로 했다. 파리의 지식인 한 명이 이 일에 발 벗고 나섰다. 그는 랑방(Lanvin), 워스(Worth), 아녜스(Agnes), 파투(Patou) 등 파리의 유명 디자이너들을 만나 가운과 모자 제품에 벨벳을 사용하도록 권유했다. 이름만 대면 다 아는 백작 부인 아무개나 공작 부인 아무개에게 벨벳 모자나 가운을 입힐 생각을 해낸 인물도 바로 그였다. 이러한 전략은 주효했고, 곧이어 미국의 바이어나 미국의 사교계 여성이 양장점이나 여성모 제조업체를 찾기 시작했다. 사교계 여성들은 벨벳이 좋아서, 벨벳이 유행이기 때문에 벨벳을 구입했다.

미국의 잡지 편집자들과 신문사 패션 담당 기자들도 (만들어지긴 했지만) 이러한 실제 상황에 영향받아 기사에 반영했고, 그런 기사는 바이어와 소비자에게 또다시 영향을 미쳤다. 그 결과 처음에는 미미했던 벨벳의 인기가 천정부지로 치솟았다. 파리와 미국에서 벨벳에 대한 수요가 서서히, 그러나 주도면밀하게 창출됐다. 유행의 선도자를 기치로 내건 한 대형 백화점이 파리 유명 디자이너들의 권위를 빌려 벨벳 가운과 모자를 광고하며

유행하는 벨벳 의상을 입고 있는 여성 모델들. 미국에서 벨벳은 1920~30년대에 크게 유행했다.

그들이 보낸 전보문 내용을 인용했다. 유행의 선도자가 되고자 하는 미국 전역의 대형 백화점 수백 군데에서 새로운 유행을 알리는 메아리가 들려왔다. 특파원 급파에 이어 뉴스 속보가 이어졌다. 전보문에 이어 편지가 쇄도했다. 미국의 여성 여행객이 벨벳 가운과 모자 차림으로 선상 뉴스 사진 기자들 앞에서 포즈를 취했다.

이러한 환경 조성은 효과가 있었다. "변덕스러운 유행이 벨벳 쪽으로 방향을 바꾸었다." 한 신문에선 이렇게 논평했다. 미국의 벨벳 업계는 다시 엄청나게 바빠졌다.

이처럼 새로운 선전은 사회 구조 전체를 염두에 두면서 대중의 욕망에 초점을 맞추고 그 실현에 종종 이바지한다. 구체적인 개혁을 바라는 욕구가 아무리 널리 확산되어 있다 하더라도 행동으로 옮겨지려면 그러한 욕구를 분명하게 표출하고, 해당 입법 기관에 압력을 행사해야 한다. 아마도 많은 주부들이 건강에 해로운 가공 식품은 금시되어야 한다고 생각할 것이나. 하시만 그러한 생각을 입 밖으로 꺼내 분명하게 말하고 주 의회나 연방 의회의 움직임을 예의 주시하면서 바람직한 결과를 끌어내려고 조직적으로 노력하지 않는 한 주부들의 그와 같은 바람이 효과적인 법령의 형태를 띠게 될 가능성은 거의 없다. 이러한 점을 인식하고 있든 않든 요구를 조직하고 실현하려면 선전의 힘이 필요하다.

하지만 선전을 지속적이고 체계적으로 활용해야 하는 책무는 소수의 지식인들이 지고 있다. 미국의 진보와 발전은 개인의 이익과 공공의 이익을 일치시키는 이들 소수 집단의 활발한 선전 활동에 달려 있다. 소수 지식인 집단의 의욕적인 노력을 통해서만 대중은 비로소 새로운 사상에 눈을 뜨고 거기에 맞게 행동할 수 있다.

이 소수 집단은 주어진 주제와 관련해 자신들이 원하는 방향으로 나머지 우리의 생각을 유도할 수 있으며, 또 실제로 그렇게 한다. 하지만 무릇 선전에는 찬성하는 쪽과 반대하는 쪽이 있기 마련이며, 양쪽 모두 다수를 설득하려고 애쓴다.

3장

새로운 선전가
THE NEW PROPAGANDISTS

1912년 1월 13일자 《새터데이 이브닝 포스트》에 실린 '에디슨 축음기' 광고. 12명의 유명한 오페라, 연극, 콘서트 스타들의 얼굴을 함께 실은 이 광고는 에디슨 축음기로 그들의 노래와 음악을 집에서 생생하게 다시 들을 수 있다고 선전하고 있다.

우리가 미처 인식하지 못하는 사이에 우리의 생각을 주조하면서 누구를 존경해야 하고 누구를 경멸해야 할지, 또 공익 사업체의 소유권·교통·고무 가격·도스안(Dawes Plan, 제1차 세계대전 후 1924년부터 실시된 독일의 전쟁 배상금 지급에 관한 계획안. 옮긴이)·이민 등의 문제에 관해 우리의 견해를 형성하는 사람은 누구일까? 주택은 어떻게 설계해야 할지, 가구는 어떻게 배치하는 게 좋은지, 식단은 어떻게 짜는 게 좋은지, 옷은 뭘 입는 게 좋은지, 운동은 어떤 운동이 좋은지, 연극은 어떤 연극을 관람해야 할지, 자선 단체는 어떤 단체를 지원하는 게 좋은지, 그림은 어떤 그림을 감상하는 게 좋은지, 알아두어야 할 통속어로는 뭐가 있는지, 어떤 농담에 웃어야 할지와 관련해 우리의 의견을 조성하는 사람은 누구일까?

공인이라는 위치 때문에 이른바 여론의 선도자 역할을 담당하는 사람들 명단을 작성하는 데서 출발한다면 멀리 갈 것도 없이 인명 사전 『후스 후(Who's Who)』에 나오는 광범위한 명사들 목록을 참조하면 된다. 거기에는 우선 미국 대통령과 정부 각료들이 포함되어 있다. 이 밖에도 상원 의원과 하원 의원, 48개 주의 주지사, 대도시 100곳의 상공회의소 회장, 100개가 넘는 대기업 이사회 총수, 미국노동자연합 산하의 수많은 조합 지부장, 전국 전문 직업인 단체와 동호 단체 회장, 전국에 흩어져 있는 소수 민족 단체나 언어학회 회장, 유수한 신문사 및 잡지사 100곳의 편집장, 50명의 최고 인기 작가, 유력한 자선 단체 50곳의 책임자, 이름을 떨치는 연극 또는 영화 감독 20명, 각 방면의 유명 인사 100명, 주요 도시 100곳의 최고 인기 성직자, 대학 및 대학교의 학장과 총장과 유명한 교수들, 월 스트리트에서 최고의 영향력을 자랑하는 금융가, 유명한 아마추어 운동 선수 등등의 이름이 등재되어 있다.

이러한 목록에는 수천 명의 이름이 들어간다. 하지만 익히 알다시피 이들 지도자 중 상당수가 더러 이름이 거의 알려지지 않은 사람들에게 영향을 받는다. 많은 국회 의원이 공약을 정할 때 정계 밖에서는 거의 무명에 가까운 지역 유지의 충고를 따른다. 언변이 탁월한 성직자도 지역 사회에 막강한 영향력을 행사할 수 있지만 많은 경우 교회 조직의 더 높은 권력으로부터 지시를 받는다. 각 도시의 상공회의소 회장은 공적인 사안과 관련해 해당 지역 기업인들의 의견을 주도하지만 그들이 유포하는 의견은 대개 국가 권력에서 나온다. 대통령 후보가 '압도적인 대중의 요구'에 밀려 '어쩔 수 없이' 출마하는 경우도 있지만 실제로 그의 입후보 결정은 어느 호텔 방의 탁자 주위에 앉아 있는 여섯 명의 손에서 이루어질 때가 많다.

몇몇 경우에는 보이지 않는 배후 조종자의 힘이 명백하다. 워싱턴의 어느 조그만 온실에서 포커 테이블을 마주하고 앉아 각종 안건을 심의하는 이 보이지 않는 내각의 힘은 이미 국가 차원의 전설이 됐다. 미국 정부의 정책 대다수가 마크 한나(Mark Hanna, 미국의 기업가이자 오하이오 주 클리블랜드 출신의 공화당 상원 의원. 윌리엄 매킨리를 대통령에 당선시켜 권력을 휘둘렀다. 옮긴이)라는 단 한 사람에 의해 좌지우지되던 시절이 있었다. 경우에 따라 정치인은 한동안 불관용과 폭력을 기반으로 수백만 명을 지배하는 데 성공할 수도 있다.

그런 인물은 대중의 마음속에 '보이지 않는 정부'라는 문구와 관련된 지배자의 전형으로 각인된다. 하지만 위에서 언급한 정치인들 못지않게 다른 분야에서 막강한 영향력을 발휘하는 독재자가 있다는 사실에 우리는 거의 주목하지 않는다. 예를 들

단발머리를 유행시킨 유명한 무용수 아이린 캐슬(1893~1969). 그녀는 춤출 때 거추장스럽지 않도록 머리를 짧게 잘랐는데, 이 헤어스타일이 1910년대 중반부터 크게 유행했다. 그래서 머리망(hairnet) 제조회사의 매출이 급격히 줄었다. 1920년대 초에 버네이스는 다른 유명 예술가들을 종용해 이런 유행을 바꾸고 여성 노동자의 안전을 위해 머리망을 쓰도록 법 개정을 유도함으로써 머리망 제조회사의 매출을 늘려주었다.

어 아이린 캐슬(Irene Castle, 20세기 초반에 활동했던 미국의 유명한 무용수. 옮긴이)은 짧은 머리 모양을 유행시켜 유행에 민감한 여성의 9할을 주무른다. 파리의 패션 지도자들은 20년 전이라면 어느 여성이든 입었다는 사실만으로도 뉴욕 시 경찰에 체포되어 감옥에 갔을 미니 스커트를 유행시켜 총 자산 규모가 몇십억 달러에 이르는 여성 의류 업계 전체를 새롭게 재편하고 있다.

이처럼 보이지 않는 가운데 수백만 명의 운명을 쥐락펴락하는 지배자들이 많다. 우리는 인식하지 못하지만 이들은 무대 뒤에서 기민하게 조종하면서 대중에게 영향을 미치는 공인들의 말과 행동을 지배한다.

하지만 더욱 중요한 점은 그런 권위자들에 의해 우리의 생각과 습관이 크게 바뀐다는 사실이다.

일상의 어느 부분에서 우리는 스스로의 자유의지에 따라 행동한다고 생각하지만 실은 거대한 권력을 행사하는 독재자들의 지배를 받는다. 예를 들어 어떤 남성이 양복을 구입한다고 가정해보자. 그는 자신의 취향과 개성에 따라 자신이 선호하는 옷을 고른다고 생각한다. 하지만 실제로는 런던의 어느 이름 없는 멋쟁이 재단사의 명령에 따르고 있을 확률이 높다. 이 인물은 멋쟁이 신사와 왕족의 후원을 받는 어느 소박한 양복점의 과묵한 경영자다. 그는 영국의 상류 사회 신사들에게 회색 대신 푸른색을, 스리 버튼(three buttons) 대신 투 버튼(two buttons)을, 지난

시즌보다 통이 4분의 1인치가량 좁은 소매를 추천한다. 이 양복점을 찾는 유명 인사 고객은 그의 제안을 받아들인다.

하지만 이러한 사실이 미국 시골의 보통 남성에게 어떤 영향을 미친단 말인가? 멋쟁이 재단사는 미국의 대규모 남성복 의류업체와 계약을 체결하고 런던의 유행을 주도하는 인사가 고른 양복 디자인을 곧바로 발송한다. 색깔, 무게, 천의 재질에 관한 구체적인 정보와 함께 디자인을 넘겨받은 의류업체는 직물업자에게 그 즉시 몇십만 달러어치의 옷감을 발주한다. 그러고 나면 런던의 재단사가 보낸 설명서대로 제작된 양복은 최신 유행으로 널리 광고된다. 뉴욕, 시카고, 보스턴, 필라델피아의 멋쟁이 남성들이 그 옷을 입는다. 미국 시골의 보통 남성도 그러한 유행에 주목하고 똑같은 양복을 입는다.

여성들도 남성과 똑같이 보이지 않는 정부의 명령에 영향을 받기는 마찬가지다. 한 실크(silk) 제조업체가 새로운 제품의 판로를 모색하는 과정에서 어느 대형 여성 신발업체에 여성들 드레스에 맞추려면 신발도 실크를 사용하는 게 좋다고 제안했다고 가정해보자. 이러한 제안은 곧 받아들여져 체계적인 선전 과정을 거친다. 유명한 여배우가 업체의 권유로 문제의 신발을 착용한다. 유행이 퍼져 나간다. 해당 신발업체는 새롭게 조성된 세 가지 요구를 충족하는 제품을 출시한다. 실크 회사는 더 많은 신발 생산에 필요한 실크를 제작할 준비에 들어간다.

이러한 생각을 신발 제조업체에 불어넣은 인물은 결국 여성의 사회생활 가운데 일부를 지배하는 셈이 된다. 이처럼 우리는 일상의 다양한 분야에서 여러 사람의 지배를 받는다. 정치의 옥좌 뒤에서 권력을 행사하는 손이, 연방준비은행의 재할인율을 조종하는 손이, 심지어 다음 시즌에 유행할 춤을 은밀히 결정하는 손이 있을 수 있다. 우리의 운명을 지배하는 국가의 보이지 않는 내각이 존재한다면(상상하기는 불가능하지만) 예를 들어 화요일에 소기의 목적을 띠고 내각을 운영하는 집단과 수요일에 소기의 목적을 띠고 내각을 운영하는 집단은 그 성격이 판이하지 않을까 싶다. 보이지 않는 정부라는 개념은 상대적이다. 경우에 따라선 몇 안 되는 소수가 학교의 교육 방침을 대부분 결정한다고 볼 수도 있다. 하지만 또 다른 견지에서 보면 학부모 한 사람 한 사람이 자신의 아이들에게 권위를 행사하는 지도자 집단이라고 할 수 있다.

 보이지 않는 정부는 소수의 손에 집중되는 경향이 있다. 그 이유는 대중의 의식과 습관을 지배하는 사회 기구를 조종하는 데 들어가는 비용 때문이다. 예를 들어 5천만 명을 대상으로 광고를 내보내려면 그 비용이 어마어마하다. 대중의 생각과 행동을 주도하는 지도자 집단을 설득하는 데 들어가는 비용 역시 엄청나다.

 이러한 이유 때문에 선전의 기능이 소수의 선전 전문가 손에 점점 집중되고 있는 추세다. 이 선전 전문가들은 우리의 일상에서 갈수록 중요한 위치와 기능을 차지하고 있다.

새로운 활동은 새로운 용어를 요구한다. 기업의 동향과 생각을 대중에게 전달하는 동시에 대중의 의중을 새로운 기업과 생각을 소개하는 집단에 전달하는 전문가들을 'PR 고문(public relations counsel)'이라고 부른다.

현대 생활이 날로 복잡해지면서 대중 사회의 어느 한 영역에서 이루어지는 움직임을 다른 분야에도 알려야 할 필요성이 대두됐다. PR이라는 직업이 새롭게 부상한 이유는 그 때문이다. 아울러 어느 조직을 막론하고 여론 의존도가 갈수록 높아지고 있다는 현실 또한 그러한 이유로 작용한다. 군주제든, 입헌제든, 민주제든, 공산제든 정부의 성패는 여론의 지지 여부에 달려 있다. 실제로 여론의 지지를 얻지 못하는 정부는 정부라고 할 수 없다. 사실 기업, 공익 사업체, 교육 운동 등 특정 개념이나 제품을 대표하는 조직이라면 다수의 생각을 점하든 소수의 생각을 점하든 상관없이 여론의 지지를 얻지 못하면 성공할 수 없다. 그만큼 여론의 지지를 얻는다는 것은 어느 분야에서든 중요하다.

따라서 PR 고문의 주요 임무는 현대의 각종 커뮤니케이션 매체와 사회의 다양한 집단을 활용해 대중의 의식을 파고드는 데 있다. 하지만 그는 이보다 훨씬 더 많은 일을 한다. 그는 행동,

원칙, 체계, 의견의 과정에도 관여하면서 이에 대한 대중의 지지를 공고히 다지는 역할도 담당한다. 또한 가공된 제품과 원료 상태의 제품처럼 유형의 물건에도 관심을 기울인다. 나아가 공익 사업, 업계 전체를 대표하는 대규모 무역 집단과 협회에도 관여한다.

그는 변호사와 마찬가지로 주로 의뢰인의 자문 역할을 수행한다. 변호사는 의뢰인의 사업이 지니는 법적 측면에 집중한다. PR 고문은 의뢰인의 사업을 홍보하는 데 집중한다. 그는 대중에게 영향을 미치거나 대중이 관심을 보이는 의뢰인의 아이디어, 제품, 활동의 모든 국면에 개입한다.

예를 들어 제조업체에 문제가 생겼을 경우 그는 제품, 시장, 제품에 대한 소비자의 반응, 소비자와 제품을 대하는 직원들의 태도, 유통을 담당하는 대리점의 협조 여부를 조사한다.

이런저런 요인들을 모두 검토한 후 PR 고문은 의뢰인이 소비자의 관심과 승인을 얻는 데 필요한 조치를 취한다.

소비자로부터 의뢰인의 행동에 대한 인정을 끌어내기 위해 동원되는 수단은 대화, 편지, 연극, 영화, 라디오, 연설, 잡지, 일간 신문 등 아주 다양하다. PR 고문은 단순히 광고 업무만 담당하는 것이 아니라 광고가 지향하는 취지를 지지한다. 많은 경우 광고 대행사는 고객의 편에 서서 업무를 전담할 PR 고문을 기용한다. PR 고문의 업무와 광고 대행사의 업무는 서로 갈등을 일으키지도 않지만 그렇다고 중복되지도 않는다.

PR 고문의 첫 번째 임무는 당연히 고객의 문제를 분석해 소비자가 받아들이거나 받아들일 만한 무언가를 제시하는 데 초점이 맞춰진다. 기본적으로 신뢰성이 떨어지는 제품의 경우에는 아무리 아이디어를 팔거나 토대를 구축해봐야 아무 소용이 없다.

예를 들어 어느 고아원이 기부의 감소와 여론 일각의 무관심이나 반대에 부딪쳐 위기에 봉착했다고 가정해보자. PR 고문이 분석한 결과 현대의 사회학 흐름에 민감한 대중이 은연중에 문제의 시설을 비난하는 이유는 고아원이 새로 주목받고 있는 '코티지 플랜(cottage plan, 고아들에게 가정과 같은 환경을 조성해주는 계획. 옮긴이)'에 관심을 기울이지 않기 때문이라는 결론이 나온다. 그럴 경우 그는 이러한 측면에 맞추어 계획을 수정하라고 의뢰인에게 충고한다. 그런가 하면 철도 회사가 의뢰인인 경우에는 고속 열차를 개통해 회사의 이름을 널리 알린다면 주식과 채권의 가치가 상승할 것이라는 조언을 하기도 한다.

코르셋 제조업체가 코르셋을 다시 유행시키고 싶어 한다면 틀림없이 그는 여성들이 이미 한물간 코르셋에 관심 끊었다는 이유를 들어 그런 계획은 어림없다고 충고할 것이다. 하지만 그의 패션 자문들이 코르셋에서 건강에 이롭지 못한 요소를 제거해 거들(girdle)을 선보인다면 여성들의 관심을 끌 수 있을지 모른다고 보고할 수도 있다.

다음으로 그는 소비자 동향 분석에 들어간다. PR 고문은 접근해야 하는 다양한 소비자 집단과 이들 집단에 다가가는 창구 역할을 해줄 지도자들을 철저히 연구한다. 그의 분석 대상에는 사회 집단, 경제 집단, 지역 집단, 연령 집단, 종교 집단, 언어 집단, 문화 집단 등 대중에게 의뢰인의 목소리를 전달해주는 통로가 되는 사회 각계각층이 포함된다.

이러한 이중의 분석 작업을 거쳐 그 결과를 모두 취합하고 나면 PR 고문은 다음 단계로 들어가 대중과 접촉하면서 의뢰인의 전반적인 활동과 진행 과정, 습관을 관리하는 데 필요한 정책을 수립한다. 그러고 나서 수립된 정책에 대한 합의가 이루어지면 네 번째 단계로 이행한다.

PR 고문의 역할이 처음으로 주목받기 시작한 것은 20세기 초반 들어 보험업계의 추문이 대중 잡지의 기업 재정 관련 폭로 기사와 맞물리면서였지 싶다. 여론의 공격을 받게 된 보험업계는 그 동안 충성을 맹세해온 대중으로부터 완전히 단절됐으며, 따라서 대중의 의중을 헤아리고 대중에게 자신들을 알릴 방법을 제시해줄 전문가가 필요하다는 데 갑자기 눈을 떴다.

메트로폴리탄생명보험(Metropolitan Life Insurance Company, 메트라이프)은 가장 기본적인 이기심에서 출발해 보험 회사 일반에 대한 대중의 시각과 특히 자사를 바라보는 대중의 시각, 즉 자사의 수익과 이를 통해 대중이 얻는 혜택에 대한 대중의 시각을 바꾸는 주도면밀한 노력에 돌입했다.

이 회사는 대중에게 자사의 보험 증권을 구매하게 한다는 목표 아래 대대적인 내부 개혁에 착수했다. 회사는 법인 차원에서, 지점 차원에서 대중에게 다가갔다. 지역 사회를 대상으로는 건강 설문 조사와 의료 전문가의 상담 서비스를 실시했다. 개개인을 대상으로는 건강 지침과 조언을 제공했다. 본사 건물도 한번 보면 영원히 기억에 남도록 시선을 사로잡게 지었다. 그 결과 이 회사는 널리 인정받게 됐다. 사회와 접촉하는 범위와 빈도가 늘어나면서 이 회사가 판매하는 보험 증권의 숫자와 금액도 꾸준히 증가했다.

10년 만에 수많은 대기업이 이런저런 직함으로 PR 고문을 기용했다. 계속해서 번영을 구가하려면 대중의 호의가 필요하다고 판단했기 때문이다. 기업 경영은 '대중의 일과는 무관하다'는 말은 더 이상 진리가 아니었다. 기업은 자신들이 정직하고 공정하게 대중의 요구에 부응하고 있다는 점을 대중에게 확신시켜야 했다. 그러다 보니 자사의 노동 정책이 대중의 분노를 촉발하고 있다는 사실을 접하고 오로지 대중의 호의를 사기 위해 좀더 진일보된 정책을 도입하는 기업도 나왔다. 어느 백화점의 경우에는 판매 감소의 원인을 찾다가 직원들이 불친절하다는 평판이 돌고 있다는 데 주목하고 직원들을 대상으로 예절 교

1909년에 완공된 메트로폴리탄생명보험의 본사 사옥. 뉴욕 메디슨 가에 세워졌으며, 50층에 높이 700피트(약 213미터)로 1913년까지 세계에서 가장 높은 건물이었다.

육을 실시하기도 했다.

PR 전문가는 홍보 책임자나 홍보 고문으로 불리기도 한다. 비서실장이나 부사장, 이사로 불릴 때도 많다. 그런가 하면 더러 임원이나 위원으로 불리기도 한다. 어떤 직함으로 불리든 그의 역할은 명확하며, 그의 충고는 그와 함께 일하는 집단이나 개인의 행동과 밀접하게 관련되어 있다.

아직도 많은 사람들이 PR 고문은 선전가에 불과하다고 믿는다. 하지만 그 반대로 많은 사람들이 그가 활동을 시작한다고 생각하는 무대가 실은 그가 활동을 끝내는 무대가 될 수도 있다. 대중과 의뢰인을 철저히 분석해 정책을 수립하고 나면 그의 업무가 끝날 수도 있다. 그런가 하면 PR 고문의 업무가 계속 효과를 발휘해야 하는 경우도 있다. 많은 경우 지속적이고 철저하고 확실한 정보 관리를 통해서만 대중은 상인이나 교육가 또는 정치인이 하고 있는 일의 가치를 이해하고 인정하는 경향이 있기 때문이다.

PR 고문은 한시도 긴장을 늦춰선 안 된다. 미지의 출처에서 나오는 부적절한 정보나 거짓 정보가 엄청나게 중대한 결과를 가져올 수도 있기 때문이다. 중요한 순간에 터져 나오는 단 하나의 거짓 소문이 기업의 주식 가격을 끌어내려 주주들에게 수백만 달러의 손실을 입힐 수도 있다. 기업의 금융 거래를 둘러싼 은밀한 기류나 수수께끼가 일반의 의심으로 증폭되어 기업과 대중의 관계 전체를 가로막는 보이지 않는 방해물이 될 수도 있다. PR 고문은 소문과 의심에 효과적으로 대처하는 위치에 있어야 한다. 우선 소문과 의심을 근원에서부터 차단해야 한다. 그러려면 가장 효과적이라고 판단되는 경로를 통해 정확하거나 완전한 정보를 내보냄으로써 그 즉시 역공을 가하거나, 무엇보다도 해당 사안에 성실하고 당당하게 대처함으로써 소문과 의심이 뿌리내릴 여지를 아예 없애야 한다.

그의 역할에는 확고부동한 새로운 시장의 개척도 포함될 수 있다.

PR을 전문 직업으로 받아들인다면 PR에서 이상과 윤리를 기대하는 것 또한 당연하다. PR이 전문 직업으로서 표방하는 이상은 현실적이다. 즉 제작자(프로듀서)가 법을 만드는 입법부가 됐든 상품을 만드는 제조업자가 됐든 대중의 의중을 파악해 대중에게 제작자의 목표를 이해시키는 것이 PR의 이상이다. 기업과 관련될 경우 PR의 이상은 기업이 대중이 원하지 않는 일을 하거나 제품을 만들 경우, 또는 대중이 기업이 무얼 제공하고 있는지 이해하지 못할 경우 그러한 결과가 초래하는 낭비와 마찰을 해소하는 것이 된다.

예를 들어 전화 회사는 오해가 빚는 마찰 때문에 에너지를 소진하는 일이 없도록 하기 위해 대규모 홍보 부서를 운영한다. 가령 회사가 귀에 쏙쏙 들어오고 구분하기 쉬운 교환국 이름을 채택하기 위해 과학 이론을 바탕으로 엄청나게 공을 들여 자세한 지침을 마련한다면 대중은 좋은 서비스를 제공하기 위해 회사가 기울이는 노력을 높이 살 뿐만 아니라 그러한 노력에 고무받아 똑똑히 발음함으로써 기꺼이 협조하게 된다. 교육자와 피교육자, 정부와 국민, 자선 단체와 기부자, 국가와 국가 사이에 이처럼 이해의 가교를 놓는 것이 PR의 목표다.

PR 고문이라는 직업은 변호사와 의사의 윤리 규범에 필적하는 윤리 규범을 개발하고 있다. 어떤 면에서 PR 고문의 업무 조건 자체가 이러한 규범을 준수하지 않을 수 없게 만든다. 그 역시 변호사와 마찬가지로 누구든 자신에게 사건을 맡길 권리가 있다는 점을 인정하지만 부정직하다고 판단되는 의뢰인이나, 사기나 다름없다고 판단되는 제품, 또는 반사회적이라고 판단되는 명분은 거부한다. 그렇게 하는 이유 중 하나는 그가 특수한 변호사라 하더라도 대중의 마음속에서 그는 의뢰인과 별개의 존재가 아니기 때문이다. 또 다른 이유를 들자면 그는 여론이라는 법정에 나가 변론을 펼치지만 그와 동시에 법정의 판단과 행동에 영향을 미치려고 노력하기 때문이다. 실제 법정에서는 판사와 배심원단이 서로 팽팽하게 힘의 균형을 유지한다. 여론이라는 법정에서는 PR 고문이 판사이자 배심원단이다. 대중은 그의 변론을 통해 그의 견해와 판단에 동의할 수도 있다.

그는 다른 의뢰인과 이해가 상충하는 의뢰인은 받지 않는다.

그는 가망 없다고 판단되는 사건이나 판매가 불가능하다고 판단되는 제품을 의뢰하는 의뢰인은 받지 않는다.

그는 의뢰인과의 거래에서 솔직해야 한다. 대중을 바보로 만들거나 속이는 일을 해서는 절대 안 된다. 만약 그런 평판을 얻게 되면 그의 직업 생명은 끝나고 만다. 선전 자료를 외부에 내보낼 때는 출처를 분명히 명시해야 한다. 언론사 편집자는 자료의 출처와 목적을 훤히 꿰고 있으면서 뉴스로서 가치가 있느냐 없느냐에 따라 자료를 받아들이거나 거절한다.

4장

PR의 심리학
THE PSYCHOLOGY OF PUBLIC RELATIONS

대공황이 닥쳐 주가가 폭락하자 뉴욕증권거래소 앞에 모여든 군중. 1929년.

대중 심리에 관한 체계적인 연구에서 사회의 보이지 않는 정부가 동기 조작을 통해 집단의 구성원을 움직이고 있을 가능성이 크다는 사실이 밝혀졌다. 과학적인 방법으로 이 주제에 접근했던 윌프레드 트로터(Wilfred Trotter)와 귀스타브 르봉을 비롯해 집단 심리 연구에 계속 매진했던 그레이엄 월러스와 월트 리프먼 등은 집단은 개인의 정신적인 특성과 구분되는 특성을 지니고 있으며, 우리가 알고 있는 개인의 심리 지식으로는 설명할 수 없는 충동과 감정에 의해 동기를 부여받는다는 이론을 확립했다. 그 결과 당연히 다음과 같은 질문이 제기됐다. 즉 집단 심리 기제와 동기를 이해한다면 대중이 인식하지 못하는 사이에 우리의 의지에 따라 대중을 통제하고 지배하는 것이 가능하지 않을까?

어느 정도 한계가 있긴 하지만 최근의 선전 기술과 사례에서 적어도 일정 수준까지는 그게 가능하다는 것이 입증됐다. 대중심리학은 아직 정확한 과학과는 거리가 멀고, 인간의 동기 유발을 둘러싼 수수께끼 또한 하나도 밝혀지지 않았다. 하지만 적어도 이론과 실제에서는 운전자가 연료의 흐름을 조작하는 방법으로 자동차의 속도를 조절하듯이 특정한 기제를 작동시킬 경우 여론을 의도하는 방향으로 거의 정확하게 돌려놓을 수 있다고 생각해도 될 만큼 성공을 확신할 수 있다. 물론 선전은 실험을 통해 입증할 수 있는 과학은 아니다. 하지만 대중심리학이 도래하면서 이제 더 이상은 선전을 순전히 경험의 영역으로만 치부할 수 없게 됐다. 대중 심리에 대한 직접적인 관찰 결과에서 뽑아낸 명확한 지식과 일관되고 비교적 일정하다고 증명된 원리에 근거해 매사를 판단하고자 노력한다는 점에서 선전은 이제 과학의 반열에 올랐다.

현대의 선전가는 자신이 다루는 주제를 마치 실험실의 과학자처럼 체계적이고 객관적으로 연구한다. 다루고 있는 주제가 전국 규모의 판촉전일 경우 그는 신문 스크랩이나 정찰 부대를 활용해 현장을 조사하거나, 중요한 사안은 직접 나서서 조사한다. 예를 들어 그는 제품의 어떤 특징 때문에 대중이 등을 돌리고 있는지, 나아가 대중의 취향이 어떤 방향으로 새롭게 바뀌고 있는지를 판단한다. 그는 남편의 차나 옷을 고를 때 마지막으로 꼼꼼하게 살피는 아내 못지않게 조사에 만전을 기한다.

    결과의 과학적 정확성은 장담할 수 없다. 상황 요인 상당수가 늘 그의 통제권에서 벗어나 있기 때문이다. 예를 들어 유리한 환경에서는 비행사가 해외 비행을 통해 호의적 분위기를 조성함으로써 정치적 목표를 달성할 수도 있겠다는 예측이 가능하다. 하지만 대중의 이목이 쏠리는 이 비행이 예기치 못한 사건 때문에 빛이 바래지나 않을지, 행여 다른 비행사가 바로 전날 뭔가 굉장한 기록을 세우지나 않을지 확신할 수 없다. 대중심리학이라는 그의 제한된 영역에서도 실수의 여지는 늘 도사리고 있기 마련이다. 경제학이나 사회학과 마찬가지로 선전 또한 다루고 있는 주제가 인간이기 때문에 정확한 과학이 될 수 없다.

    당사자의 의식적인 협조를 통해서든 아니든 지도자들에게 영향을 미칠 수 있다면 그들이 통솔하는 집단에도 당연히 영향을 미칠 수 있다. 하지만 인간은 굳이 대중 모임이나 거리 폭동의 형태로 소집되지 않더라도 대중심리학에 쉽게 영향을 받는다. 인간은 천성이 집단을 이루길 좋아하기 때문에 커튼을 모두 쳐놓은 방에 혼자 있을 때도 무리의 일원이라고 느낀다. 인간의 마음속에는 집단의 영향력이 각인해놓은 자국이 깊이 자리하고 있다.

한 남자가 사무실에 앉아 어떤 주식을 살지를 놓고 고민한다. 보나마나 그는 스스로의 판단에 따라 주식 구입을 계획하고 있다고 생각한다. 하지만 실제로 그의 판단은 부지중에 그를 지배하는 외부 영향력이 각인해놓은 인상의 복합 산물이다. 그는 한 철도 회사의 주식을 사들인다. 이유는 여러 가지다. 우선은 어제 읽은 신문 기사 제목에 그 회사 이름이 나와서 머릿속에 아주 생생하게 떠오르기 때문이다. 게다가 그 회사에서 운행하는 고속 열차에서 먹었던 저녁 식사에 대한 기억이 아주 좋기 때문이기도 하다. 그런가 하면 그 회사가 진보적인 노동 정책을 펴고 있기도 하고, 정직하기로도 명성이 드높기 때문이다. 다음으로 J. P. 모건(J. P. Morgan)이 그 회사 주식 일부를 소유하고 있다는 소식을 들었기 때문이기도 하다.

트로터와 르봉은 집단 심리는 엄밀한 의미에서 사고 활동을 하지 않는다고 결론 내렸다. 사고 대신 충동, 습관, 감정이 자리한다. 결정을 내릴 때 집단 심리는 대개 믿음이 가는 지도자의 선례에 따르려는 충동을 보인다. 이는 가장 확고하게 구축된 대중심리학의 원리 가운데 하나. 여름 휴양지의 명성이 갑자기 치솟거나 추락하는 데에는, 은행에서 예금 인출 사태가 속출하는 데에는, 주식 시장이 공황 상태에 빠지는 데에는, 베스트셀러가 탄생하는 데에는, 영화가 공전의 히트를 기록하는 데에는 이러한 원리가 작용한다.

하지만 지도자의 선례를 따르기가 여의치 않아 집단 스스로 생각해야 할 때면 집단 전체의 생각이나 경험을 상징하는 상투어나 적절한 표현 또는 이미지가 판단 기준이 된다. 얼마 전까지만 해도 이권이라는 꼬리표가 따라다니던 정치 후보자가 수백만 명의 유권자로부터 외면당했다. '이권'이라는 말이 부패를 연상시켰기 때문이다. 이 비슷한 경우로 최근에는 '볼셰비키(Bolsheviki)'라는 말이 '대중을 위협해 행동 지침에서 벗어나게 하려는 사람들'을 지칭하는 의미로 사용되고 있다.

케케묵은 상투어에 기대든, 새로운 표현을 만들어내든 선전가는 때로 집단 전체의 감정을 뒤흔들 수 있다. 제1차 세계대전 당시 영국에서는 후송 병원이 부상자를 대충 다룬다는 이유 때문에 심각한 비난에 직면했다. 대중은 병원이라면 모름지기 환자를 장기간에 걸쳐 성심껏 돌보아야 한다고 생각했다. 이름을 후송 초소로 바꾸자 비난 여론이 잠잠해졌다. 그러한 이름이 붙은 시설에서 적절한 응급 처치 이상을 기대하는 사람은 아무도 없었다. 대중의 마음속에서 '병원'이라는 상투어는 특정한 그림과 연관됐다. 병원에는 이런 형태도 있고 저런 형태도 있다는 점을 대중에게 설득시키려고 했다면, 병원이라는 상투어와 그 말이 연상시키는 그림을 분리하려고 했다면 아마 어림도 없었을 것이다. 대신 새로운 상투어가 새로운 형태의 병원에 적응하도록 대중의 감정을 길들였기 때문에 가능한 일이었다.

"선전가(Propagandist)"라고 쓰인 띠를 두른 남루한 러시아 농부가 미국을 상징하는 엉클 샘(Uncle Sam)에게 "볼셰비즘의 미덕(Beauties of Bolshevism)"이라고 적힌 종이를 보여주는 카툰. 엉클 샘은 미심쩍고 혐오하는 표정을 지으며 등 뒤에 커다란 몽둥이를 숨기고 있다. 1920년대에 러시아 공산당은 볼셰비즘을 확산시키려고 노력했고 미국은 그것을 극도로 경계했다. 1922년 《이브닝 스타》에 실림.

인간은 자신의 행동을 추동하는 진짜 원인이 무엇인지 잘 의식하지 못한다. 어떤 사람이 자동차를 구입한다고 가정해보자. 그는 시장에 나와 있는 자동차마다 기술적인 특징을 꼼꼼하게 살펴본 후에 자동차를 구입하면서 자신이 최선의 선택을 했다고 믿는다. 하지만 그는 스스로를 기만하고 있는 셈이다. 그가 그 자동차를 선택한 이유는 아마도 경제 쪽으로 눈이 밝아 그가 존경하는 지인이 지난주에 바로 그 자동차를 구입했기 때문이거나, 그의 이웃들이 그는 그런 고급 차종을 구입할 여력이 없다고 믿기 때문이거나, 아니면 자동차 색깔이 대학 시절 기숙사 건물 색깔과 같기 때문일 확률이 높다.

프로이트학파의 심리학자들은 인간의 사고와 행동 상당수는 그 동안 억눌러왔던 욕망을 보상하는 성격을 띤다고 주장해왔다. 다시 말해 만약 우리가 무언가를 희구한다면 그 이유는 그 대상이 지니는 고유의 가치나 유용성 때문이 아니라 그 안에서 무언가 다른 것, 즉 스스로 인정하기에는 수치스러운 욕망의 상징을 무의식중에 보게 됐기 때문이라는 것이다. 자동차를 구입하는 사람은 이동 수단이 필요해서 구입한다고 생각하겠지만 실은 자동차라는 짐을 떠안느니 건강을 위해 걸어다니는 것을 더 좋아할지도 모른다. 그가 자동차를 원하는 진짜 이유는 차가 사회적으로 높은 지위의 상징이거나, 성공의 징표이거나, 아내를 기쁘게 해주는 수단이기 때문일 수도 있다.

프로이트학파의 심리학자들. 앞줄 왼쪽부터 지크문트 프로이트(Sigmund Freud, 1856~1939), 산도르 페렌치(Sándor Ferenczi, 1873~1933), 한스 작스(Hans Sachs, 1881~1947), 뒷줄 왼쪽부터 오토 랑크(Otto Rank, 1884~1939) 카를 아브라함(Karl Abraham, 1877~1925), 막스 아이팅곤(Max Eitingon, 1881~1943), 앨프리드 어니스트 존스(Alfred Ernest Jones, 1879~1958). 1922년 베를린.

인간은 대개 스스로 감추고 있는 동기에 영향을 받아 행동한다는 이러한 일반 원리는 개인 심리뿐만 아니라 대중 심리에도 적용된다. 따라서 유능한 선전가가 되려면 왜 그런 행동을 하는지에 대해 당사자들이 제시하는 동기를 곧이곧대로 받아들이지 말고 그러한 행동 이면에 숨어 있는 진짜 동기를 파악해야 한다.

사회 구조, 집단과 개인의 관계, 소속감을 이해하는 것만으로는 부족하다. 기술자는 기관차의 실린더와 피스톤에 대해서 모두 알더라도 증기가 압력을 받으면 어떻게 작용하는지 모른다면 엔진을 작동할 수 없다. 인간의 욕망은 사회라는 엔진을 가동하는 증기다. 선전가는 인간의 욕망을 이해해야만 현대 사회라는 거대하면서 짜임새가 느슨한 기계를 비로소 조종할 수 있다.

과거의 선전가는 당시 대학에서 유행했던 행동주의 심리학(또는 자극-반응 심리학. 옮긴이)을 지침으로 삼았다. 이 이론은 인간의 심리는 단순히 개별 기계, 즉 의지가 없는 자동 인형처럼 자극에 기계적으로 반응하는 신경 체계라는 선세에서 출발했다. 따라서 개별 구매자의 반응을 유발할 자극을 제시하는 것이 과거 선전가의 역할이었다.

일정한 자극을 반복해서 가하면 습관으로 굳어진다는 것이, 바꾸어 말해 어떤 생각을 자꾸 하다 보면 확신으로 자리잡는다는 것이 행동주의 심리학의 학설 가운데 하나였다. 과거의 영업인이 정육업자의 위탁을 받아 베이컨 판매 촉진을 모색하고 있다고 가정해보자. 아마도 그는 다음과 같은 내용의 전면 광고를 반복해서 무수히 내보냈을 것이다.

"베이컨을 많이 드세요. 가격 싸고, 몸에도 좋고, 여러분의 에너지를 비축해줍니다. 베이컨 드세요."

새로운 영업인은 사회의 집단 구조와 대중심리학의 원리를 이해하기에 우선 이런 질문부터 던질 것이다.

"사람들 식습관에 영향을 미치는 사람이 누굴까?"

그 답은 명확하다.

"그래, 의사들이지."

그러고 나면 새로운 영업인은 의사들을 찾아가 베이컨 섭취가 건강에 좋다고 공개석상에서 말해달라고 부탁한다. 그는 의사에게 의지하려는 사람들의 심리를 이해하기 때문에 수많은 사람들이 의사의 충고를 따르리라는 것을 정확하게 알고 있다.

과거의 선전가는 지면 광고에만 거의 전적으로 기댄 채 개별 독자가 그 즉시 광고에 나오는 물품을 사도록 설득하려고 애썼다. 이러한 접근법은 직접성과 효율성이라는 측면에서 한때 이상적이라고 여겼던 다음의 광고 유형에서 아주 잘 드러난다.

"여러분(아마도 손가락으로 독자를 가리키며) 올리어리 고무굽 신발(O'Leary's rubber heels)을 구입하세요, 지금 바로요."

한마디로 개인에게 초점을 맞춘 반복과 강조를 통해 판매 장벽을 깨뜨리거나 파고들려고 애쓰는 광고다. 호소 대상이 비록

5천만 명이라고 하더라도 이 광고를 낸 사람은 개개인을 목표로 삼고 있다.

반면 새로운 영업인은 집단화를 통해 대중 속에 있는 사람들을 다룰 경우 자신에게 유리한 심리와 감정 기류를 조성할 수 있다는 점에 주목한다. 그는 직접적인 공격으로 판매 장벽을 허물기보다 이를 제거하는 데 목표를 둔다. 그래서 감정의 기류를 뒤흔들 환경을 조성해 구매 욕구를 부추기는 쪽으로 가닥을 잡는다.

예를 들어 피아노를 판다고 가정해보자. 그렇다면 다음과 같은 직접적인 호소로 온 나라를 뒤덮는 것만으로는 부족하다.

"여러분, 지금 '모차르트' 피아노를 구입하세요. 가격이 저렴합니다. 최고의 예술가들이 사용하는 피아노입니다. 세월이 가도 처음 그대로인 피아노입니다."

이러한 주장은 모두 사실일 수도 있지만 다른 피아노 제조사의 주장과 직접적으로 충돌될 뿐만 아니라 소비자의 돈을 놓고 각각 경쟁하는 라디오나 자동차 회사의 주장과도 간접적으로 충돌을 일으킨다.

소비자가 새 피아노가 아니라 새 자동차에 돈을 쓰려는 계획을 세우는 진짜 이유는 무엇일까? 음악이라는 상품보다 교통수단이라는 상품을 더 많이 원하기 때문에? 꼭 그렇지만은 않다. 그가 자동차를 구입하는 이유는 자동차를 구입하는 것이 현재의 '집단 습관(group custom)'이기 때문이다.

　따라서 현대의 선전가는 그러한 습관을 수정할 환경을 조성하는 작업에 들어간다. 그는 귀소 본능에 호소한다. 그는 가정 음악실이라는 개념을 대중에게 알리는 데 초점을 맞춘다. 그러한 작업의 일환으로 그는 이름만으로도 구매 집단에 영향력을 행사하는 유명한 실내 장식가가 설계한 시대별 가정 음악실을 전시하는 행사를 조직한다. 그는 가정 음악실에 진귀하고 값비싼 벽걸이 융단을 배치해 방의 효율성과 품격을 끌어올린다.

　그런 다음 전시회에 대한 관심을 고조시키기 위해 특별한 행사나 기념식을 열어 유명한 바이올리니스트, 유명한 예술가, 사회 지도층 등 대중의 구매 습관에 영향을 미친다고 알려진 사람들을 초대한다. 이들 유명 인사는 다른 집단에도 영향을 미쳐 대중의 의식 속에 전에는 없었던 가정 음악실이라는 개념을 들여앉힌다. 그러고 나면 유명 인사들의 존재와 그들이 극화하는 가정 음악실 개념은 다양한 언론 매체를 통해 더욱 폭넓은 대중에게 투사된다.

　그 사이 영향력 있는 건축가들은 설계도면을 작성할 때 한쪽 구석에 특별히 아름답게 꾸민 벽감 같은 형태로 피아노가 들어갈 자리를 만들어 가정 음악실로 사용하게 하면 어떻겠느냐는 설득에 넘어간다. 덜 유명한 건축가들은 당연히 자기가 일하는 분야의 대가라고 여기는 그 사람들의 선례를 따르기 마련이다.

곧이어 그들은 일반 대중의 머릿속에 가정 음악실이라는 개념을 심는다.

가정 음악실이 받아들여진다면 그 이유는 만들어졌기 때문이다. 집에 이미 음악실이 있거나 응접실 한 구석을 음악실 대용으로 따로 비워둔 사람들도 자연히 피아노 구입을 고려하게 된다. 그러면서 스스로 떠올린 생각이라고 여긴다.

기존의 상술 아래서 제조업자는 잠재 구매자에게 "피아노 좀 사세요."라고 말했다. 새로운 상술은 그 과정을 완전히 뒤바꾸어 잠재 구매자가 제조업자에게 오히려 "피아노 좀 파세요."라고 말하게 한다.

선전에서 연상 과정의 가치는 대규모 부동산 개발 계획에서 극명하게 드러난다. 잭슨 하이츠(Jackson Heights. 뉴욕 시 퀸스 구 북서부에 위치한 지역. 옮긴이) 지구가 살기 좋은 곳이라는 점을 강조하기 위해 이러한 연상 과정을 일으키는 모든 시도가 이루어졌다. 먼저 캐롤라인 애스터(Caroline Webster Schermerhorn Astor. 사교계 명사. 옮긴이) 여사 등의 후원 아래 일본의 지진 피해자들을 돕기 위한 지트니 악단(Jitney Players)의 자선 공연을 열었다. 골프 코스와 클럽 회관 조망도로 이곳의 장점을 부각시켰다. 우체국이 문을 열자 PR 고문은 이 날이 마침 미국 체신부 역사에서 중요한 날과 겹친다는 사실을 활용해 개발 계획의 초점을 국가의 이익에 맞추기로 했다.

아파트의 아름다움을 일반에게 공개하겠다는 소리에 실내 장식업자들 사이에서 잭슨 하이츠에서 가장 잘 꾸며진 아파트라는 평을 듣기 위해 경쟁이 벌어졌다. 심사 위원회가 꾸려졌다. 이러한 경쟁은 개발 계획을 널리 알리는 효과와 더불어 신문과 잡지, 기타 언론 매체를 통해 개발 소식을 접한 수백만 명의 관심뿐만 아니라 고위 당국자들의 승인을 끌어냈다.

개념을 확산하는 데 가장 효과적인 방법 가운데 하나는 현대 사회의 '집단 형성(group formation)'을 활용하는 것이다. 전문 조각가뿐만 아니라 일정 연령대의 초등학교 학생에게도 참가 자격을 주는 아이보리(Ivory. 상표명. 옮긴이) 비누 전국 조각 경연대회가 그 중 한 예다. 이 행사는 어느 유명한 조각가가 아이보리 비누가 아주 탁월한 조각 재료라는 데 주목하면서 시작됐다.

프록터 & 갬블 사는 비누로 가장 훌륭한 조각 작품을 만든 사람에게 일련의 상을 주었다. 경연대회는 예술계에서 높은 비중을 차지하는 뉴욕 시 아트 센터의 후원 아래 열렸다.

전국의 학교 교장과 교사가 학교 교육의 연장선이라며 이 대회에 기꺼이 동참했다. 초등학교 학생들은 너도나도 미술 시간에 비누로 조각 연습을 했다. 경연대회는 학교와 학군과 도시를 돌아가며 열렸다.

아이보리 비누는 주부들이 세탁 목적보다는 면도용으로 늘 비치하고 있었기 때문에 가정에서 조각 재료로 사용하기에 안

뉴욕 할렘 가에 있는 학교에서 흑인 소년·소녀들이 긴 테이블 앞에 앉아 비누 조각 수업을 받고 있다. 1933년.

성맞춤이었다. 조각 자체도 깨끗했다.

지역 경연대회에서 우승한 작품들은 전국 대회에 나갔다. 쟁쟁한 인물들이 심사를 보는 가운데 매년 뉴욕의 큰 화랑에서 열리는 전국 대회는 중요한 예술 행사로 자리매김했다.

첫 해에 전국 경연대회에 출품된 조각 작품은 약 500점이었다. 3회 대회 때는 2,500점이었다. 4회 대회 때는 4,000점이 넘었다. 신중하게 선별된 작품만 해도 이렇게 셀 수 없이 많았으니, 그 해에 출품된 전체 비누 조각품의 숫자는 엄청났을 것이 틀림없다. 연습용으로 들어간 비누의 숫자는 더 말할 나위도 없었다. 주부들뿐만 아니라 그 아이들에게까지 친밀한 관심을 받게 되면서 아이보리 비누에 대한 호감이 급증했다.

이러한 판촉전의 전개 과정에는 친숙한 심리 동기가 상당수 동인으로 작용했다. 즉 심미 동기, 경쟁 동기, 군집 동기(조각은 대개 학교 집단 안에서 이루어졌다.), 속물 동기(믿음이 가는 지도자의 선례를 따르려는 충동), 과시 동기, 그리고 마지막으로 결코 무시할 수 없는 모성 동기가 작용했다.

이 모든 동기와 집단 습관이 집단을 이끄는 지도력과 권위라는 단순한 장치를 통해 표출됐다. 마치 단추를 누르자 작동하듯 사람들은 조각 활동 속에서 얻는 만족감을 위해 일사불란하게 움직이기 시작했다.

이 점은 선전이 성공을 거두는 데 가장 중요한 요소다. 판촉전에 권위를 빌려주는 지도자들은 자신의 이익에 부합할 때만 그렇게 한다. 하지만 선전가의 활동에는 공평무사한 측면이 있어야 한다. 다시 말해 의뢰인의 이익과 다른 개인이나 집단의 이익이 일치하는 지점을 찾아내는 것이 PR 고문의 역할 가운데 하나다.

비누 조각 경연대회의 경우 그러한 개념을 옹호했던 유명 예술가와 교육자는 기꺼이 자신의 이름을 빌려주었다. 그 이유는 경연대회가 그들이 간절히 바라는 이익, 즉 젊은 세대의 심미 충동 배양을 증진했기 때문이다.

그와 같은 이해의 일치와 중첩은 복잡하게 얽힌 집단 구조만큼이나 무한하다. 예를 들어 한 철도 회사가 새로운 노선 개발을 염두에 두고 있다고 가정해보자. PR 고문은 회사의 이익과 잠재 고객의 이익이 일치하는 지점이 어디인지 찾기 위해 설문조사를 실시한다. 그러고 나서 회사는 상공회의소와 연계해 지역 사회 개발에 나선다. 회사는 상공회의소를 도와 지역에 새로운 발전소와 공장을 건설한다. 나아가 기술 정보의 보급을 통해 사업을 촉진한다. 이는 단지 뭘 부탁하려고 호의를 베푸는 경우가 아니다. 철도 회사의 이러한 활동은 호의를 조성하는 데 그치지 않고 성장을 촉진하기도 한다. 그 과정에서 철도 회사와 지역 사회의 이익은 상호 교차하면서 서로를 먹여살린다.

이는 고객에게 편의도 제공할 겸 고객의 돈을 더 많이 유치하기 위해 투자 업무를 개시하는 은행의 경우에도 똑같이 적용된다. 소비자가 보석을 구입하면서 더 많이 안심할 수 있도록 보험 부서를 개설하는 보석 회사의 경우도 마찬가지다. 정보 서비스를 개시해 가정에서 만드는 빵에 새로운 레시피를 적용하도록 권장하는 제빵 회사의 경우도 마찬가지다.

각성된 사익에 근거한 건전한 심리학이 새로운 선전(new propaganda)이라는 개념을 예고하고 있다.

지금까지 현대 미국 사회에서의 선전의 위치와 선전이 채택하는 방법들을 알아보았다. 아울러 우리의 생각, 감정, 행동을 지배하는 보이지 않는 정부는 왜 존재하며, 무슨 일을 어떻게 하고, 누가 그런 정부를 구성하는지도 살펴보았다. 다음 장들에서는 '집단 활동(group activity)' 이라는 구체적인 틀 속에서 선전이 어떻게 기능하는지를 개괄하고 앞으로 선전이 나아갈 방향을 제시하고자 한다.

5장

기업과 대중
BUSINESS AND THE PUBLIC

서로 다른 회사들의 전기 제품을 알리는 광고. (위 왼쪽부터 시계 방향으로) 선풍기, 산업용 모터, 온수기, 업소용 헤어드라이어. 서로 연관이 없는 듯하지만 사실은 서로 영향을 주고받는다. 예를 들면 선풍기가 많이 팔릴 때는 온수기의 판매가 줄어들 수 있고, 온수기가 많이 팔릴 때는 모터와 헤어드라이어의 판매가 늘어날 수 있다. 1907년 5월.

기업과 대중의 관계는 지난 몇십 년 만에 더욱 가까워졌다. 오늘날 기업은 대중을 동반자로 여긴다. 그 이유는 여러 가지다. 더러는 경제적인 이유 때문이기도 하고, 더러는 기업에 대한 대중의 인식 수준과 관심이 높아지면서 이러한 상황이 조성됐다. 기업은 대중과의 관계가 제품의 생산과 판매에만 국한되는 것이 아니라 대중의 마음속에서 그 제품이 상징하는 모든 것을 포괄한다는 점에 주목한다.

　20년이나 25년 전만 해도 기업은 대중과 상관없이 일을 처리했다. 그 반작용으로 기업 관련 추문이 끊이지 않고 터져 나왔다. 수많은 범죄의 이유가 온당하든 하지 않든 이윤 추구에 전가됐다. 깨어난 대중의 의식에 직면해 대기업들은 기업의 일은 기업이 알아서 한다는 주장을 철회해야 했다. 오늘날 대기업이 대중을 억누르고자 한다면 20년 전과 같은 반작용이 발생할 테고, 대중은 또다시 들고일어나 다양한 규제 법규로 대기업의 숨통을 조르려고 할 것이다. 기업은 대중의 의식을 의식하지 않을 수 없다. 이러한 의식이 건강한 기업 문화를 이끌어왔다.

기업과 대중의 관계가 가까워진 또 다른 이유는 대량 생산에서 파생되는 다양한 현상에서 찾을 수 있다. 대량 생산은 규모가 일정하게 유지될 때만 이윤을 창출할 수 있다. 즉 제품 판매량이 꾸준하거나 늘어나야 이윤을 낼 수 있다. 그 결과, 1세기 전에는 소규모 수공업 생산 체계 아래서 수요가 공급을 창출하는 것이 보통이었지만 오늘날에는 공급자가 적극적으로 수요를 창출해야 한다. 대륙 전체에 제품을 공급할 능력이 있는 공장의 경우 대중이 제품을 요청할 때까지 기다릴 여유가 없다. 유지비가 많이 들어가는 공장이 이윤을 내게 하려면 광고와 선전을 통해 대중과 끊임없이 접촉하면서 계속 수요를 창출하는 수밖에 없다. 그러고 나면 전보다 훨씬 더 복잡해진 유통 체계가 뒤따른다. 고객을 만드는 것은 새로운 문제다. 기업가는 본연의 일인 제품 생산에 대해서도 훤히 꿰고 있어야 하지만 그와 동시에 잠재 고객층의 구조, 특성, 편견까지도 알고 있어야 한다.

또 다른 이유는 광고 기술의 발달에서 찾을 수 있다. 이는 활자를 통해 다가갈 수 있는 대중의 규모와 호소 방법과 관련이 있다. 거듭되는 성장 속에서 몇백만 부나 발행되는 신문과 잡지, 그리고 지면을 이용해 설득력 강한 메시지를 전달하는 현대 광고 전문가의 기술은 층이 다양한 광대한 대중과 함께 기업가를 PR 안에 위치시켰다.

기업의 정책에 영향을 미치는 현대의 또 다른 현상으로는 특정 기업과 그 기업이 속한 업계의 나머지 기업들 사이에서 벌어지는 새로운 경쟁을 꼽을 수 있다. 거기에다 소비자의 돈을 놓고 벌이는 업계와 업계 사이의 싸움이라는 또 다른 종류의 경쟁도 있다. 예를 들어 어느 비누 제조 회사가 자사에서 생산하는 제품은 젊음을 유지해주는 효능이 있다고 주장한다고 가정해보자. 그럴 경우 그 회사는 비누 일반에 대한 대중의 사고방식을 바꾸려고 시도하게 되는데, 이는 업계 전체에 매우 중요한 문제다. 금속 가구업계가 대중에게 목재 가구보다 금속 가구를 구입하는 것이 좀더 바람직하다는 확신을 심어주고자 할 때도 마찬가지다. 그럴 경우 금속 가구업계는 한 세대 전체의 취향과 기준을 바꾸려고 들 것이 틀림없다. 두 경우 모두 기업은 수많은 개인의 생활과 습관 속으로 파고들려고 애쓴다.

기본적인 측면에서도 기업은 갈수록 여론에 의존하고 있다. 부의 규모가 늘어나는 만큼 점점 넓게 분포하면서 이제 수많은 미국인이 기업 주식에 투자하고 있다. 사업 확장을 꾀하는 기업이 소기의 목적을 이루려면 주식이나 채권을 새로 발행해야 한다. 하지만 해당 사업체가 주식이나 채권의 발행을 통해 효과를 보려면 일반 대중의 신뢰와 호의를 얻는 법을 완전히 이해하고 있어야 한다. 대중이 기업을 이해하고 받아들이려면 기업이 나서서 법인으로서의 자기 존재를 알려야 한다. 다시 말해 자신의 특성을 부각시키고 목표를 구체적으로 설명해야 한다. 그런 과정을 통해 기업은 스스로가 일부를 구성하는 지역 사회(또는 국가)와 접촉하게 된다.

대중과의 다차원 관계를 진정으로 이해하는 정유 회사라면 대중에게 좋은 석유뿐만 아니라 건전한 노동 정책도 선보일 것이다. 은행이라면 임원진이 건전하고 보수적일 뿐만 아니라 공적인 생활에서나 사적인 생활에서나 흠 잡을 데 없다는 점을 부각시키려고 할 것이다. 남성복 전용 의류업체라면 매장의 구조를 통해 제품의 신뢰성을 표현할 것이다. 제빵 회사라면 방진 포장지로 빵을 싸고 대중 시찰단에 공장을 개방하는 방법뿐만 아니라 청결하고 산뜻한 배달 트럭을 내세워 생산 과정에서 위생에 만전을 기하고 있다는 인상을 대중에게 심으려고 할 것이다. 건설 회사라면 대중에게 자사에서 짓는 건물은 항구성과 안전성이 뛰어날 뿐만 아니라 직원들이 일하다 다치면 보상을 해준다는 점도 알리려고 신경 쓸 것이다. 어떤 점을 가지고 대중의 의식에 영향을 미치든 기업은 자신이 추구하는 목표에 부합하는 특징을 알리려고 노력해야 한다.

생산 관리자라면 자신이 취급하는 자재에 관해 빠짐없이 알고 있어야 하듯이 기업의 PR을 책임지고 있는 사람은 일반 대중의 구조, 편견, 변덕에 정통하고 있으면서 주도면밀하게 문제를 풀어나가야 한다. 대중에게는 나름의 기준과 요구와 습관이 있다. 이를 바꿀 수는 있지만 거슬러 행동해서는 안 된다. 여성 한 세대 전체를 설득해 롱스커트를 입게 만들 수는 없지만 패션 지도자를 통해 접근하면 뒷자락이 길게 끌리는 이브닝드레스를 입게 만들 수는 있다.

대중은 마음대로 주무를 수 있거나 함부로 명령을 내릴 수 있는 무정형의 덩어리가 아니다. 기업과 대중은 각자 고유한 특성을 가지고 있다. 서로 다른 둘의 특징은 어떻게든 기분 좋은 합의점에 이르러야 한다. 갈등과 의심은 양쪽 모두에게 해로울 뿐이다. 현대의 기업은 우호적이면서 서로에게 득이 되는 관계를 맺는 데 필요한 조건이 무엇인지 연구해야 한다. 기업은 대중이 이해하고 기꺼이 수용할 수 있는 방법을 통해 대중에게 자신의 존재를, 목적을, 목표를 알려야 한다.

기업은 대중의 지시를 고분고분 받아들이지 않는다. 그렇다면 대중에게 명령을 내릴 수 있다는 생각을 버려야 한다. 대중이 대량 생산과 과학적인 판매 전략에 힘입어 기업이 제공하는 막대한 경제적 혜택을 인정해야 한다면 기업 또한 대중의 기준이 갈수록 차별화되고 있다는 점을 인정하고 그러한 요구를 파악해 충족시켜야 한다. 기업과 대중의 관계는 주고받는 관계가 될 때 비로소 건강할 수 있다.

바로 이러한 조건과 필요성이 PR이라는 전문화된 영역에 대한 수요를 창출해왔다. 현재 기업은 대중과의 관계에서 조언을 하고, 기업의 목적을 대중에게 설명하고, 대중의 요구에 부응할 수 있도록 개선점을 제시하는 PR 고문을 기용하고 있다.

기업이 자신의 목표와 대중의 요구에 부흥할 수 있도록 하기 위해 PR 고문이 권유하는 개선 조치는 정책과 같은 아주 폭넓은 주제에 초점이 맞춰질 수도 있고, 실천 지침과 같은 지극히 사소한 문제에 초점이 맞춰질 수도 있다. 어떤 경우에는 변화하는 대중의 요구에 부응하려면 제품 라인 전체를 바꾸어야 할지도 모른다. 또 어떤 경우에는 문제의 원인이 점원의 복장과 같은 사소한 부분에서 발견될 수도 있다.

한 보석상이 고가의 제품만 취급한다는 명성 때문에 단골 고객이 급격하게 줄어들어 고민하고 있다고 가정해보자. 이 경우 PR 고문은 손해를 감수하고라도 중간 가격대의 제품을 갖춰놓으라고 충고할지도 모른다. 그 이유는 회사가 중간 가격대의 제품을 대량으로 취급하길 바라서가 아니라, 오늘 확보한 100명의 중간 가격대 제품 고객 가운데 몇 퍼센트는 10년 후에는 주머니가 두둑해질 것이기 때문이다. 상류층 고객을 끌어들이려는 백화점의 경우에는 대학 졸업생을 점원으로 쓰거나 유명한 현대 화가를 기용해 쇼윈도를 단장하거나 특별 전시회를 열라는 권유를 받을 수도 있다.

은행의 경우에는 5번가에 지점을 개설하라는 권유를 받을 수 있다. 그 이유는 5번가에서 이루어지는 거래가 수익을 보장하기 때문이 아니라 5번가의 근사한 사무실이 해당 은행이 미래의 예탁자들에게 심고자 하는 인상과 정확히 일치하기 때문이다. 같은 맥락에서 유능한 금융가를 지점장 자리에 앉히는 것이 중요하듯이, 정중한 수위나 늘 깨끗한 상태를 유지하는 바닥 또한 중요한 요소다. 하지만 은행장 부인이 추문에 연루된다면 이 지점의 이와 같은 장점은 아무 소용이 없을지도 모른다.

대기업은 자신의 고유한 특성을 표현할 수 있는 방법을 고심한다. 대기업은 직접적인 광고와 심미 본능을 자극하는 더없이 미묘한 제안을 통해 대중에게 제품이나 서비스의 특성을 설명하고자 애쓴다. 저가 제품의 대량 판매가 목표인 점포는 날이면 날마다 가격을 강조하면서 고객을 위해 돈을 절약해준다는 데 호소의 초점을 맞출 것이다. 반면 개별 판매를 통해 이익을 많이 남기고자 하는 점포는 거장의 전시회나 사장 부인의 사교 활동 등을 통해 차별화되고 기품 있는 인상을 심으려고 애쓸 것이다.

기업의 PR 활동은 자신의 진짜 목적을 숨기기 위한 보호색이 되어선 곤란하다. 주로 취급하는 품목은 중저가 제품인데도 고가 제품 위주로 진열해놓는다면 그릇된 인상을 심는 것이기 때문에 윤리에도 어긋날 뿐만 아니라 상도의에도 어긋난다. 건전한 PR 정책은 과장된 주장과 기만으로 대중을 오도하려 하지 않는다. 그보다 여론으로 이어지는 각종 경로를 통해 개별 사업을 선명하고 성실하게 설명하려고 노력한다.

뉴욕 센트럴 레일로드(New York Central Railroad)는 몇십 년 동안 열차의 속도와 안전성뿐만 아니라 품격과 안락함에 근거해 대중을 설득하는 작업을 벌여왔다. 하지만 인자하고 매력 넘치는 신사의 대명사 촌시 미첼 데퓨(Chauncey Mitchell Depew. 초대 일본 주재 미국 대사, 뉴욕 센트럴 레일로드 사장, 뉴욕 주 상원 의원을 역임한 인물. 옮긴이)를 전면에 내세워 일반 대중에게 다가갔더라면 더 큰 효과를 보지 않았을까 싶다. 그는 그와 같은 기업 이미지에 딱 들어맞는 이상적인 독신남이었다.

PR 고문의 권고 내용은 개별 상황에 따라 천차만별일 수 있지만 그의 업무는 크게 두 가지로 압축된다. 나는 이 두 가지에 '지속적 설파(continuous interpretation)'와 '우월성 발현(dramatization by highspotting)'이라는 명칭을 붙이고 싶다. 이 둘은 서로 번갈아가며 이루어지기도 하고 동시에 진행되기도 한다.

지속적 설파는 온갖 방법을 동원해 대중의 마음에 다가가 대중이 의식하지 못하는 사이에 좋은 인상을 심으려는 노력을 통해 이루어진다. 반면 우월성을 발현할 때는 대중의 관심을 사로

촌시 미첼 데퓨(1834~1928). 기업은 상품을 알리는 직접적인 선전을 할 수도 있고 상징적 대상을 내세우는 간접적인 선전을 할 수도 있다. 1905년.

잡아 기업 전체를 상징하는 항목이나 측면에 초점을 맞춘다. 사무용 건물을 건축 중인 부동산 회사가 건물을 기존의 가장 높은 마천루보다 10피트(약 3미터) 더 높이 올릴 경우 이러한 조치는 우월성 발현에 해당한다.

이 중 어떤 방법을 사용할지, 또는 동시에 두 가지 다 사용할지는 목표와 구체적인 가능성을 충분히 검토한 후에 결정해야 한다.

제품의 우월성을 발현시켜 대중의 관심을 사로잡은 흥미로운 사례는 젤라틴(gelatine)의 경우에서도 찾을 수 있다. 멜런 산업 연구소(Mellon Institute of Industrial Research)는 실험을 통해 젤라틴이 우유의 소화율과 영양 가치를 높여주는 우월성이 있다는 사실을 발견했다. 그러자 이러한 지식을 널리 알리고 젤라틴을 우선 병원과 학교에 공급해 그 기능을 시험해보자는 제안이 나왔다. 제안은 실행에 옮겨졌고, 바람직한 결과가 나왔다. 곧이어 그러한 결과가 그 분야의 다른 지도자들에게 알려지면서 다른 집단도 선행 집단의 선례를 따라 연구소에서 안전하다고 입증된 과학 목적에 젤라틴을 사용했다. 그러한 작전은 주효했다.

대기업은 갈수록 거대해지는 경향이 있다. 합병과 독점을 통해 대기업은 접촉하는 사람의 숫자를 끊임없이 늘려 나간다. 이 모두는 기업의 PR을 강화하고 다양화한다.

기업에 수반되는 책임에는 여러 가지 종류가 있다. 우선 기업에 돈을 맡기고 돈이 어떻게 사용되고 있는지 알 권리가 있는 5~6만 명의 주주에게 져야 하는 책임이 있다. 주주에 대한 책임을 온전히 의식하는 기업은 주주들에게 자주 편지를 보내 그들이 투자한 돈으로 만든 제품을 사용해보고 해당 제품의 판촉에 영향력을 행사할 것을 촉구한다. 대리점의 경우에는 경비 일체를 기업이 대고 본사 공장으로 초청해 견학의 기회를 줌으로써 책임을 진다. 기업은 또한 과장이나 허위 광고를 규제하는 책무를 지니는 업계 전체에 대해서도 책임을 진다. 기업은 소매상에게도 책임을 지는데, 이 경우에는 주로 영업부가 나서서 제품의 특징을 설명하는 방식을 취한다. 그 다음에는 청결하게 잘 관리되고 있는 공장으로 소비자를 불러 시찰하게 함으로써 소비자에게 책임을 진다.

일반 대중은 잠재 소비자로서의 기능과 별도로 기업의 금융 거래, 노동 정책, 심지어는 직원 사택의 쾌적성에 대한 정보를 통해 기업에 대한 태도를 결정한다. 아무리 사소한 것도 좋은 쪽으로 또는 나쁜 쪽으로 대중에게 영향을 미칠 수 있다. 기업 총수의 성격도 중요한 요소가 될 수 있다. 그는 대중의 마음에 기업 전체로 비춰질 확률이 높기 때문이다. 그가 어떤 자선 단체에 기부하고, 어떤 시민 단체에서 자리를 차지하고 있는지도 매우 중요한 문제가 될 수 있다. 그가 만약 업계에서 지도자 위치에 있다면 대중은 그에게 지역 사회를 이끌어달라고 요청할 수도 있다.

기업가는 사회 집단의 책임 있는 일원으로 자리잡았다. 대중의 소비를 촉진하기 위해 이목을 끄는 허구를 만들어내는 과대광고는 본론이 아니다. 부각된 개성을 적절하게 표현할 방법을 찾는 것이 문제다. 기업가 중에는 더러 최고의 PR 고문도 있다. 하지만 대부분의 경우 대중 심리와, 대중이 호소에 반응하는 방식에 대한 지식은 전문가의 영역에 속한다.

내가 보건대, 대기업은 이 점을 점점 더 많이 인식하고 있다. 그 증거로 PR 전문가(어떤 직함이 붙든)를 기용하는 기업이 갈수록 늘고 있다. 대기업이 커질수록 대중과의 무수한 접촉을 전담해서 관리하는 전문가에 대한 수요도 커지기 마련일 것이다.

기업의 PR이 기업 임원이 아니라 외부 전문가의 손에 맡겨지는 경우가 많은 이유는 문제를 해결하는 실마리가 간접적이기 때문이다. 예를 들어 한 여행 가방 제조사가 PR 정책을 통해 문제 해결에 나선 결과 철도 회사, 증기선 회사, 외국 정부가 소유한 철도 회사의 태도가 여행 가방을 취급하는 데 중요한 요인으로 밝혀졌다고 가정해보자.

철도 회사와 수하물 담당자가 각자의 이익을 위해 여행 가방을 좀더 신속하고 주의 깊게 다루는 법을 익힌다면 화물이 입는 피해와 승객들이 겪는 불편을 줄일 수 있을 것이다. 증기선 회사가 이익을 늘리려고 여행 가방에 대한 규제를 완화한다면, 외국 정부가 관광객을 더 많이 유치하기 위해 운임을 낮춘다면 여행 가방 제조사는 이익을 보게 될 것이다.

그렇다면 여행 가방 판매를 끌어올리기 위해선 이런 여러 가지 요인을 모두 고려해야 한다. 이 경우 궁극적인 소비자인 대중을 향해서가 아니라 이런 요인들을 향해 PR 캠페인을 전개해야 한다.

아울러 여행 가방 제조사가 일반 대중을 상대로 여행할 때 어떤 옷을 언제 입을지에 대한 교육을 실시한다면 의류 판매를 촉진할 뿐만 아니라 여행 가방 판매도 늘릴 수 있을 것이다.

선전은 근본적 요소를 다루기 때문에 어떻게 접근하느냐에 따라 그 효과가 달라질 때가 많다. 건강에 나쁜 화장품에 반대하는 캠페인은 수건과 비누에 이익을 돌리기 위한 싸움의 형태로 전개될 수도 있다. 전국의 보건 관료들이 들고일어나 화장품을 팔아 챙긴 이익금을 건강에 좋고 유용한 수건과 비누에 돌려야 한다고 촉구한다면 지극히 당연해 보일 것이다.

명분이나 사회 운동에 대한 여론의 조성은 사회적으로 건설적인 명분에서 야기된 자신의 문제를 해결하고자 하는 선전가의 욕구에서 비롯될 때가 아주 많다. 따라서 그는 그런 여론 조성을 통해 넓은 의미에서 사회의 목적을 실현하는 셈이 된다.

건전한 PR 정책의 사례는 경찰관, 소방관, 집배원, 그 외 비슷한 직종의 사람들에게 신발을 공급했던 어느 신발 제조업자의 경우에서도 찾아볼 수 있다. 그는 그런 직종에 종사하는 사람들에게 좋은 신발을 신어야 한다는 개념을 심을 수 있다면 자신은 신발을 많이 팔아 좋고 그 사람들은 능률을 끌어올릴 수 있어 좋을 것이라고 생각했다.

그는 이러한 사업의 일환으로 발 보호 기구를 설립했다. 이 기구는 발 보호와 관련된 정확한 정보와 해당 제조업체의 신발 제조 원칙을 체계적으로 전파했다. 그 결과 공무원 사회, 경찰서장, 소방서장 등 직원들의 복지에 관심이 있는 사람들이 그의 제품이 대변하는 개념과 제품을 지지하고 나섰고, 곧이어 그의 신발은 날개 돋친 듯 팔려 나갔다.

판매되는 제품과 대중의 호의 사이에 존재하는 '이익의 공통분모(common denominator of interest)'라는 이러한 원리는 무한하게 적용될 수 있다.

"자본을 얼마나 많이 가지고 있느냐, 이윤율이 얼마나 높으냐, 서비스의 질이 얼마나 좋으냐는 중요하지 않다. 여론의 공감을 불러일으키지 못하면 실패하고 만다."

미국 철도업계의 거물 중 한 명인 새뮤얼 인설(Samuel Insull)의 말이다. U. S. 스틸(United States Steel Corporation)의 고(故) 저지 게리(Judge Gary. 본명 Elbert Henry Gary)도 이와 똑같은 생각을 가지고 있었다. 그는 다음과 같이 말했다.

"일단 일반 대중의 호감을 사면 사업에서 승승장구할 수 있다. 많은 사람들이 이 모호하고도 손에 잡히지 않는 요소를 너무 자주 무시한다. 이는 파산으로 가는 지름길이다."

여론은 대기업 합병에 더 이상 촉각을 곤두세우지 않는다. 오히려 연방거래위원회(Federal Trade Commission)의 사업 규제에 분개한다. 여론은 경제 발전에 방해가 된다고 생각하는 독점 금지법을 반대하고 있다. 이제 여론은 10년 전에 맹공을 퍼부었던 독점과 합병을 지지한다. 철도 회사와 기타 공익 사업체끼리의 합병을 통해 입증됐듯이 현재 정부는 여론을 반영해 생산업체와 유통업체의 대규모 합병을 승인하고 있다. 여론 자체가 거대기업의 성장을 촉진하고 있다. 수백만 명에 이르는 군소 투자자들은 경제의 양적 팽창에 기여할 뿐만 아니라 그 결실이 소비자에게 돌아올 수 있다는 점에서 합병과 독점은 괴물이 아니라 친절한 거인이라고 생각한다.

이러한 결과는 대부분 선전의 주도면밀한 활용을 통해 이루어졌다고 해도 과언이 아니다. 그러한 과정은 전시에 정부가 여론을 바꾸고 환기했듯이 주로 여론의 수정을 통해 진행됐지만 많은 경우 기업도 스스로 변화를 꾀했다. 시멘트 회사는 대중에게 최상의 도로를 제공하기 위해 도로 관리과와 공조해 무료 성능 실험실을 운영한다. 가스 회사는 무료 요리 학교를 운영한다.

하지만 여론이 대기업의 손을 들어주고 있다고 해서 이를 당연히 여기며 영원히 그럴 것이라고 생각한다면 큰코다치기 십상이다. 기업 조직과 관행에 관해 전국에서 몇 손가락 안에 꼽히는 하버드 대학교의 윌리엄 제비나 리플리(William Zebina Ripley) 교수는 얼마 전 대중의 신뢰를 훼손하는 대기업의 몇 가지 측면을 지적했다. 구체적으로 말하자면 주주의 투표권이 유명무실할 때가 많고, 연간 재정 보고서가 때로 너무 간략해서 일반인이 오도되기 쉽다는 내용이었다. 이 밖에 의결권이 없는 주식을 늘려 소수 주주의 손에 기업과 기업 재정의 관리를 맡기는 경우가 많으며, 일부 기업은 대중이 기업의 진정한 상태를 가늠할 수 있는 정보 공개를 꺼린다는 내용도 있었다.

특히 공익 사업체는 대중이 아무리 대기업에 우호적인 태도를 보인다 해도 대중의 불만에 늘 귀 기울이면서 대중의 호의를 유지하는 데 긴장의 고삐를 늦추어선 안 된다. 리플리 교수의 비난과 궤를 같이하는 비난이 계속 이어지는데도 상황은 달라지지 않고 법인 차원에서도 대중과 접촉을 유지하려는 노력을 소홀히 하면서 합리화에만 급급하면, 반은 공영 기업의 성격을 띠는 이들 사업체는 정부나 지자체의 소유권 이전 요구에 직면할 수밖에 없다.

PR 고문은 그러한 여론의 동향을 미리 내다보고 여론을 돌려놓을 방안을 제시해야 한다. 대개는 그와 같은 두려움이나 편견은 온당치 못하다는 확신을 대중에게 심어주는 것으로 충분하겠지만, 경우에 따라 불만의 원인을 제거하려면 의뢰인의 행동을 바꾸어야 할 때도 있을 것이다. 그런 경우 먼저 여론 조사를 실시해 수그러들지 않는 반대 의견의 원인을 찾는 데서부터 출발할 수 있다. 상황의 여러 가지 측면을 논리적으로 따져보면 비난이나 편견의 통상적 감정 수위가 어디까지이며, 상투적 표현의 지배를 받는 요인들은 무엇인지가 대개는 드러나게 되어 있다. 그러면 이러한 분석 결과를 토대로 재조정이 필요하다고 판단되는 행동이나 정책을 의뢰인에게 조언해야 한다.

대기업의 국유화 가능성은 대부분 매우 요원해 보이지만 공유화는 주식과 채권에 대한 일반의 투자가 날로 증가하면서 점점 현실이 되고 있다. 게다가 사실상 모든 기업이 사업 확장을 염두에 두고 있으며 그 시기가 되면 주식과 채권을 새로 발행해야 한다는 사실로 미루어볼 때 PR의 중요성은 더욱 커진다. 그러한 신규 발행의 성패는 해당 기업의 업계 순위뿐만 아니라 일반 대중의 호의에도 달려 있다. 빅터 토킹 머신 컴퍼니(Victor Talking Machine Company)가 최근에 상장했을 때 수백만 달러 가치의 주식이 하룻밤 새에 팔려 나갔다. 반면에 재정 상태가 탄탄하고 매출 실적도 좋은데 여론이 이유 없이 나빠 대규모 주식 발행을 엄두조차 내지 못하는 기업들도 있다.

새로운 합병의 성패가 대중의 수용에 달려 있을 정도로 신규 주식 발행의 성패는 대중의 호의에 따라 좌우된다. 합병은 막대한 재원을 새로 창출할 수 있으며, 단 한 차례의 운용에 몇백만 달러까지도 호가할 수 있는 이러한 재원은 전문가의 여론 조작에 힘입어 조성되어 왔다고 해도 과언이 아니다. 그렇다고 해서 부정직한 선전이나 주식 조작을 통해 인위적으로 부풀려진 가치를 말하고 있는 것은 아니다. 여기서 재원이란 여론이 기업을 수용해 해당 기업의 진정한 동반자가 될 때 창출되는 실제 경제 가치를 지칭한다.

대기업은 업계에 따라 국내에만 머물지 않고 전 세계에 지분을 둘 정도로 성장 속도가 매우 빠르다. 현대의 산업과 상업이 자금을 공급받으려면 그 어느 때보다도 많은 사람들에게 다가가야 한다. 미국인은 제1차 세계대전 이후 수십억 달러 상당의 외국 기업 유가 증권을 구입해왔으며, 유럽인도 우리 돈 가치로 따지면 10~20억 달러 상당의 외국 주식을 보유하고 있는 것으로 추산된다. 어떤 경우든 주식을 발행하려면 대중의 호의를 얻어야 한다.

국가 차원에서든 지자체 차원에서든 외국에 돈을 빌려주려면 그 나라에 대한 이곳의 여론이 좋아야 한다. 한 동유럽 국가에 차관을 제공하려는 시도가 그 나라 지배자 일가의 행동에 대한 비난 여론 때문에 난항을 겪고 있다. 하지만 다른 나라들은 돈을 빌려 쓰는 데 아무 어려움이 없다. 대중이 이미 이들 나라의 번영과 이들 나라 정부의 안정성을 확신하기 때문이다.

PR 고문의 새로운 기술은 합법적인 광고의 보완물로 기능함

레코드(판) 신제품을 알리는 빅터 토킹 머신 컴퍼니(1901~1929)의 광고. 둥근 레코드판의 이미지는 노출하지 않고 부두에서 대기 중인 병사들을 내세워 애국심에 호소하고 있다. 회사 로고도 왼쪽 아래에 작게 표시했다. 1917년.

으로써 기업의 유용한 목적에 이바지하고 있을 뿐만 아니라, 광고 외의 다른 통로를 통해 대중에게 진실을 전달함으로써 과도한 허위·과장 광고 경쟁을 막는 데에도 기여하고 있다. 같은 업계의 두 경쟁사가 허위·과장 광고를 무기 삼아 서로 이전투구(泥田鬪狗)를 벌일 경우 자칫 그 업계 전체가 대중의 신뢰를 잃을 수도 있다. 그와 같은 비윤리적 방법과 맞서는 데에는 관련 업계의 윤리적 구성원들이 선전이라는 무기를 사용해 상황을 둘러싼 진실을 있는 그대로 알리는 길밖에 없다.

치약의 경우를 예로 들어보자. 경쟁이 매우 치열한 분야에서 어떤 제품이 다른 제품보다 월등하게 대중의 호의를 점하고 있다면 그 이유는 그 제품 고유의 가치 때문일 수 있다. 하지만 실제로 이 업계에선 어떤 일이 일어나고 있을까?

업계의 대기업 한두 곳이 자사 치약은 기존의 어떤 치약도 따라올 수 없는 장점을 지니고 있다고 주장한다. 경쟁사는 이미 과장된 광고를 더욱 부풀려 내보내거나 경쟁사가 허위·과장 광고를 앞세워 자사의 시장을 잠식하도록 내버려두거나 둘 중 하나를 선택하는 수밖에 없다. 하지만 선전이라는 무기에 기대면 치과 병원, 학교, 여성 단체, 의과 대학, 치과학회 저널, 심지어 일간 신문 등 다양한 통로를 통해 대중에게 치약의 기능에 대한 진실을 알릴 수 있다. 물론 이러한 조치가 효과를 거두려면 광고 내용 그대로 만든 치약으로 대중에게 다가가야 한다.

선전은 비윤리적이거나 부당한 광고를 물리치는 데 큰 힘을 발휘한다. 요즘은 제대로 된 광고를 내보내려면 비용 부담이 엄청나다. 몇 년 전, 그러니까 국가 규모가 지금보다 작고 거대한 광고 기구도 없었을 때에는 제품을 전국에 알리기가 비교적 쉬웠다. 방문 판매원 군단이 각 지방으로 내려가 소매상에게 담배 몇 갑과 농지거리 몇 마디를 건네면 전국에 제품을 선보일 수 있었다. 오늘날 중소기업은 상대적으로 값싼 비용으로 자사 제품의 특성과 장점을 적절하게 알릴 수 있는 수단을 찾지 못하면 입지를 잃고 만다. 그런가 하면 대기업은 업계 공동 광고를 통해 다른 업계와 경쟁하며 어려움을 극복하려고 애쓰고 있다.

대량 광고는 새로운 종류의 경쟁을 만들어냈다. 물론 같은 업계에서 경쟁사끼리의 경쟁은 경제 생활의 역사만큼이나 오래됐다. 하지만 최근 들어서는 「4장」에서도 살펴보았듯이 이 제품군과 저 제품군 사이의 새로운 경쟁이 심심찮게 화제가 되고 있다. 건축 자재인 경우 돌은 목재와, 리놀륨(linoleum)은 카펫과, 과일인 경우 오렌지는 사과와, 지붕 재료인 경우 양철이 석면과 경쟁한다.

뉴욕에 본거지를 두고 있는 아메리칸 익스체인지 어빙 트러스트 컴퍼니(American Exchange Irving Trust Company)의 부회장 O. H. 체니(O. H. Cheney)는 시카고 비즈니스 고위급 포럼(Chicago Business Secretaries Forum)에 참석해 행한 연설에서 이러한 종류의 경쟁을 다음과 같이 익살스럽게 표현했다.

댁은 여성 모자업계에서 나오셨나 보군요? 댁 옆에 있는 남자는 아마 모피업계를 대표할 겁니다. 모피 칼라를 크게 단 여성 외투를 판촉하기 위해 여성들에게 작고 값비싼 모자를 쓰라고 강요하면서 모자 산업을 무너뜨리고 있지요. 댁은 여성의 발목에 관심이 있나 봅니다그려. 그러니까 내 말은 실크 속옷류 산업에 종사하는 분 같다는 거지요. 댁한테는 여성의 발목의 영광을 위해 수백만 달러를 쏟아부으며 목숨이 다할 때까지 싸우기로 작정한 용감한 경쟁자 두 명이 있습니다. 유행에서 밀려나 고전중인 피혁업계와 치마가 유행하던 옛날의 호시절을 그리워하는 직물업계가 바로 그 주인공들이지요.

가스 배관과 난방업에 종사하고 있다면 댁한테는 섬유업이라는 아주 위험한 적이 있습니다. 집이 따뜻해질수록 얇은 옷을 입게 되니 말입니다. 인쇄업자 대표로 이 자리에 나왔다면 댁은 과연 무선기기업자와 악수를 하실 수 있겠습니까?……

지금까지 설명드린 것이 바로 제가 새로운 경쟁이라고 부르는 경쟁의 형태들입니다. 기존의 경쟁은 동종업계 구성원끼리의 경쟁이었습니다. 새로운 경쟁이란 업계 연합끼리, 그러니까 각 업계를 대표해 이 자리에 나온 여러분끼리 벌이는 경쟁을 말합니다. 제품간 경쟁은 같은 용도에 번갈아 사용되는 제품간의 새로운 경쟁을 말합니다. 업계간 경쟁은 언뜻 서로 아무 관련이 없어 보이지만 소비자의 돈을 놓고 치열하게 경쟁을 벌이는 업계와 업계끼리의 새로운 경쟁을 말합니다. 사실상 모든 업계가 이러한 경쟁 관계에 있다는 뜻이지요.……

물론 그 중에서도 제품간 경쟁이 가장 눈에 띕니다. 무엇보다도 이 새로운 경쟁 형태야말로 이 나라 기업인의 이목을 사로잡고 있지 않나 싶습니다. 갈수록 많은 기업인이 제품간 경쟁이 무엇을 의미하는지 실감하고 있습니다. 점점 많은 기업인이 업계 대표부에 도와달라고 호소하고 있습니다. 제품간 경쟁을 혼자서는 감당할 수가 없기 때문이지요.

예를 들어 식탁 위에서 벌어지고 있는 대규모 전쟁을 살펴봅시다. 매일 세 번씩 사실상 이 나라 식탁 모두가 경쟁이 치열한 전투의 장으로 바뀐다고 해도 과언이 아닙니다. 우리가 아침으로 자두를 먹는다면 어떻게 될까요? 궁지에 몰린 오렌지 재배업자들과 똘똘 뭉친 파인애플 통조림업자 군단이 그래서는 안 된다고 소리칩니다. 소금에 절인 양배추를 먹는다면 어떻게 될까요? 그러면 스페인 사람들은 올리브를 먹으라고 말합니다. 어느 광고에서 감자 대신 마카로니로 바꾸라고 권합니다. 그럼 감자 재배업자들은 이러한 도전에 손 놓고 가

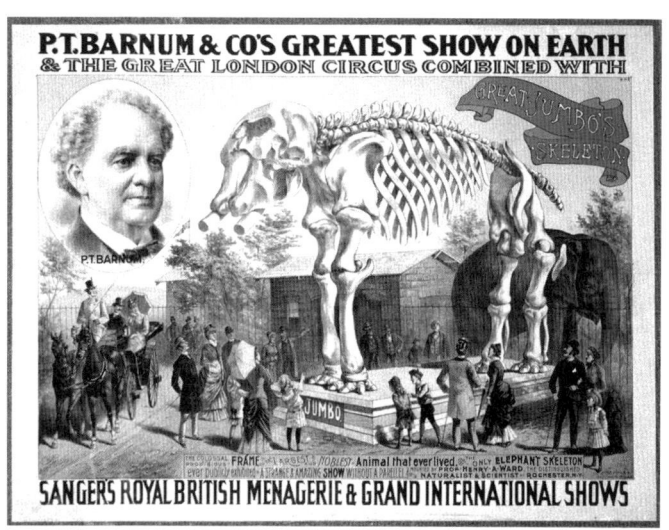

P. T. 바넘(1810~1891)의 1880년대 쇼 홍보 포스터. 자신을 "사기의 왕자"라고 부른 그는 낯설고 화려한 볼거리, 반복적인 광고, 과대 선전을 이용해 각종 전시와 공연을 크게 흥행시켰다. 특히 인생 후반에는 자신이 기획한 서커스를 인기 있는 "지상 최대의 쇼"로 만들었다. 포스터에 그의 얼굴과 6.5톤에 달하는 코끼리 '점보'의 골격이 보인다.

만이 있을까요?

　의사와 영양학자의 말로는 보통 열심히 일하는 성인은 하루에 2~3천 킬로칼로리 정도의 음식만 섭취하면 된다고 합니다. 은행가는 그것보다 약간 덜 필요하겠지요. 하지만 전 어찌 해야 좋습니까? 과일 재배업자, 밀 재배업자, 정육업자, 낙농업자, 수산업자 등등 제가 자기네 제품을 더 많이 먹기를 원하면서 저를 설득하려고 매년 몇백만 달러씩 퍼붓고 있으니 말입니다. 숨이 턱에 찰 때까지 먹어야 할까요, 아니면 의사의 말을 따라 농부와 식품 가공업자와 소매상을 파산으로 내몰아야 할까요! 광고 제작에 들어간 돈의 액수에 비례해 식단을 짜야 할까요? 아니면 식단을 과학적으로 균형 있게 짜서 과잉 생산하는 사람들이 파산하게 놔둘까요? 새로운 경쟁은 아마도 식품업계에서 가장 치열하지 않을까 싶습니다. 그 이유는 우리가 소비할 수 있는 음식에는 매우 큰 한계가 있어서 소득과 생활 수준이 아무리 높아지더라도 우리가 먹을 수 있는 것보다 더 많이 먹을 수는 없기 때문에 그렇습니다.

　미래의 경쟁은 개별 제품이나 제품군 간의 광고 경쟁으로 번지는 데 그치지 않고 선전의 경쟁도 추가될 것이다. 기업인 겸 광고인은 대중에게 다가가려면 P. T. 바넘(Phineas Taylor Barnum. '바넘 효과'라는 심리 조작으로 유명한 쇼 비즈니스 사업가. 옮긴이)의 방법을 완전히 무시할 수만은 없다는 데 점점 눈을 뜨고 있다. 이러한 종류의 호소 방법을 사용해 성공한 사례가 조지 해리슨 펠프스(George Harrison Phelps)의 연감에 나온다. 다름 아니라 도지 빅토리 식스(Dodge Victory Six)라는 차의 출시를 알리는 전국 중계 방송이었다.

추산하기로 수백만 명의 사람들이 47개에 달하는 라디오 채널에서 흘러나오는 이 중계 방송에 귀를 기울였다. 비용은 6만 달러가 넘었다. 이 행사를 위해 장장 2만 마일(약 32,000킬로미터)이나 되는 전화 회선이 추가로 가설됐고, 로스앤젤레스·시카고·디트로이트·뉴올리언스·뉴욕에서 속보가 날아들었다. 올 졸슨(Al Jolson)은 뉴올리언스에서, 윌 로저스(Will Rogers)는 비벌리힐스에서, 프레드 스톤과 도로시 스톤(Fred and Dorothy Stone)은 시카고에서, 폴 화이트먼(Paul Whiteman)은 뉴욕에서 각각 소식을 전했다. 이들의 출연료는 도합 2만 5천 달러였다. 아울러 신차 발매를 선언하는 도지 브라더스(Dodge Brothers, 크라이슬러의 전신. 옮긴이) 회장의 4분 연설도 포함됐다. 이 4분 연설에 3천만 명의 미국 청취자가 귀를 기울인 것으로 집계됐다. 그렇게 짧은 시간에 그렇게 많은 사람이 특정 제품에 관심을 기울이기는 물론 처음이었다. 한마디로 설탕발림 일색의 광고였다.

현대의 판매 전문가는 다음과 같은 이의를 제기할 것이다.
"이러한 방법이 호소력이 있다는 것은 사실이다. 하지만 그 때문에 광고비가 올라간다. 현대에는 이러한 비용을 줄이고(예를 들어 추가 비용 제거) 광고비를 들이지 않고도 광고 효과를 낼 수 있는 방법을 찾아야 한다. 베이컨을 알리기 위해 소프라노 아멜리타 갈리쿠르치(Amelita Galli-Curci)를 기용한다면 그녀의 높은 출연료 때문에 베이컨 가격이 상승한다. 그녀의 목소리는 제품에 보탬이 되기보다 가격만 올릴 뿐이다."

맞는 말이다. 하지만 어떤 형태든 판촉이 호소력을 지니려면 돈을 써야 한다. 지면 광고의 경우에도 사진을 사용하거나 유명 인사를 섭외해 제품 추천평을 실을 경우 광고비가 상승한다.

또 다른 종류의 어려움도 있다. 다름 아니라 대기업이 갈수록 거대해지면서 대중과의 접촉 방식을 새롭게 바꾸어야 하는 데서 파생되는 문제다. 대량 생산의 도입으로 제품이 규격화되면서 많이 팔릴수록 단가가 낮아지는 효과가 있다. 똑같이 생산되는 경쟁사 제품과 가격 경쟁을 벌일 경우 결국에는 출혈·과다 경쟁으로 치달아 업계 전체의 수익을 갉아먹는 결과를 초래할 수밖에 없다.

이러한 딜레마에서 벗어나려면 제품 판매를 단순히 저렴한 가격에만 기대지 말고 대중의 마음에 뭔가 다른 매력, 제품이 어딘지 약간 다르다는 생각, 업계의 다른 제품과 구분되는 독특한 요소가 있다는 생각을 심어야 한다. 예를 들어 타자기 제조업자의 경우 제품에 밝은 색을 칠하는 방안을 고려할 수 있다.

커다란 모자를 쓰고 있는 1900년대 여성(왼쪽)과 펠트 모자를 쓰고 있는 1920년대 여성.

이런 종류의 특별한 호소 방법은 선전가에게 익숙한 원리, 즉 군집 성향, 권위에 대한 복종, 경쟁 의식 등의 조작을 통해 널리 호응을 얻을 수 있다. 이처럼 사소한 요소도 대중의 마음에 특별하다는 인상을 심음으로써 경제적으로 중요한 가치를 지닐 수 있다. 대량 생산에는 틈새가 있기 마련이다. 대기업이 대세를 이루고 있긴 하지만 중소기업이 들어설 여지는 여전히 남아있다. 대형 백화점 옆에 장사가 아주 잘되는 조그만 전문 가게가 있을 수도 있다.

커다란 모자를 다시 유행시키는 문제가 한 선전가에 의해 해결됐다. 2년 전 여성 모자 제조업계는 다른 종류의 모자를 모조리 밀어내며 순식간에 유행으로 떠오른 펠트 모자의 위협에 직면했다. 분석 결과 여성용 모자는 크게 여섯 종류로 분류되는 것으로 드러났다. 아울러 네 개의 집단이 모자 유행을 바꾸는 데 도움이 될 수 있다는 점도 드러났다. 사회 지도자, 스타일 전문가, 패션 잡지 편집장과 기고가, 유행과 마네킹에 영향을 미칠 수 있는 예술가가 그 네 집단이었다. 문제는 이들 집단을 모자 구매자 앞에 불러모으는 것이었다.

저명한 예술가들을 심사 위원단으로, 뉴욕의 한 일류 호텔에서 종류별로 가장 아름다운 모자에 가장 잘 어울리는 미인을 선발하는 패션 축제가 기획됐다.

유명 인사들로 위원회가 꾸려졌다. 미국의 유명한 여성 기업인들이 이 행사에 기꺼이 자신의 이름을 빌려주었다. 패션 잡지 편집장과 이 행사를 지지하는 패션계 유명 인사들로 위원회가 구성됐다. 아름다운 모자와 의상을 차려입은 여성들이 각계각층의 관객들 앞에서 무대 행진을 벌였다.

행사 소식은 관객뿐만 아니라 미국 전역에 있는 여성들의 구매 습관에 영향을 미쳤다. 행사에 관한 이야기가 신문과 모자 가게의 광고를 통해 소비자에게 전달됐다. 모자업계는 바이어를 대상으로 맹공격을 퍼부었다. 한 제조업자는 패션 쇼가 열리기 전에는 챙이 넓은 모자를 하나도 팔지 못했지만 쇼가 열리고 나서는 수천 개를 팔았다고 진술했다.

많은 경우 PR은 응급 상황을 해결하는 데 활용된다. 예를 들어 거짓 소문에 그 즉시 효과적으로 대처하지 않을 경우 명성과 매출에 큰 타격을 받을 수도 있다.

1926년 5월 21일(금요일)자 뉴욕 《아메리칸(American)》에 실린 그 비슷한 사례는 PR을 구사하는 기술이 부족할 경우 어떤 결과가 초래되는지를 보여준다.

허드슨 주식, 유언비어에 100만 달러 손해

허드슨 모터 컴퍼니(Hudson Motor Company) 주식이 배당금을 둘러싼 유언비어가 널리 유포되면서 전날 정오 무렵 큰

폭으로 떨어져 50만 달러에서 100만 달러의 손해를 입었다.

    이사들이 배당금 문제를 논의하기 위해 뉴욕 시간으로 12시 30분에 디트로이트에서 회동했다. 그와 거의 동시에 정규 배당금만 지급하기로 결정했다는 헛소문이 퍼져 나갔다.

    12시 46분 다우존스(Dow Jones & Company)의 증권 시세 고시 서비스 부서는 증권거래소로부터 이 소식을 접하고 기사화했고, 그 결과 주식 가격은 더욱 떨어졌다.

    1시 직후 해당 부서는 배당금이 증가했으며 20퍼센트의 주식 교부가 승인됐다는 공식 소식을 접했다. 해당 부서는 서둘러 기사를 정정해 내보냈고, 허드슨 모터 컴퍼티의 주식은 그 즉시 6포인트 이상 뛰어올랐다.

다음은 1925년 4월 4일자 《통상 저널(The Journal of Commerce)》에서 발췌한 기사로, 헛소문에 대처하는 방법에 대한 흥미로운 사례를 보여준다.

비치너트 대표 고향 방문
모호크 밸리 주민들 바틀릿 아클 열렬히 환영
(《통상 저널》호외)

뉴욕 카나조하리, 4월 3일. 오늘은 이 마을의 비치너트 데

이(Beech-Nut Day)였다. 아니, 모호크 밸리(Mohawk Valley)의 날이었다. 기업인들과 사실상 이 지역 주민 전체가 이 도시에 기반을 두고 있는 비치너트 패킹 컴퍼니(Beech-Nut Packing Company) 사장인 뉴욕 시의 바틀릿 아클(Bartlett Arkell)에게 감사패를 전달하는 자리에 참석했다. 감사패 전달은 공장을 사들여 다른 곳으로 이전하려는 투자 은행들의 매수 제의를 뿌리친 데 대한 고마움의 표시였다.

아클 사장은 그가 1700만 달러에 회사를 포스텀 시리얼 컴퍼니(Postum Cereal Company)에 팔아넘기려 한다는 최근의 소문을 공식적으로 일축했다. 매각할 경우 공장 이전이 불을 보듯 뻔한 상황에서 그는 이러한 부인 선언을 통해 자신의 어린 시절 고향에 대한 충성심을 과시했다. 그는 30년 동안 비치너트 패킹 컴퍼니를 경영하면서 고향 마을을 부유한 산업 도시로 발전시켰다.

현재 그는 회사 경영권을 완전히 장악하고 있으며, 자신이 살아 있는 동안 '누가 어떤 가격을 제시해도' 친지들과 동향 직원들을 배신해가며 회사를 매각하는 일은 절대 없을 것이라고 잘라 말했다. 이에 모호크 밸리 전체가 자발적으로 나서서 그의 이러한 정신을 널리 알리기로 했다. 오늘의 축제는 그렇게 해서 열린 것이다.

3,000명이 넘는 사람들이 참석한 가운데 위원장 W. J. 로

저(W. J. Roser), B. F. 스프레이커(B. F. Spraker), H. V. 부시(H. V. Bush), B. F. 디펜도르프(B. F. Diefendorf), J. H. 쿡(J. H. Cook)으로 구성된 위원회가 행사를 주도했다. 아울러 카나조하리 상공인연합회와 모호크 밸리 상공인연합회가 행사를 후원했다.

당연히 이러한 행사가 열리고 나서 비치너트 패킹 컴퍼니가 시장에 나왔다는 소문은 근거가 전혀 없다는 사실이 알려졌다. 그냥 부인하는 것으로는 확신시키는 것만큼 효과를 거둘 수 없다.

오락도 사업이다. 정확히 말하면 미국에서 가장 큰 규모에 속하는 사업 가운데 하나다. 오락 사업은 처음에는 서커스와 의약품 선전 판매 쇼의 형태를 띠다가 연극으로 옮겨갔다. 연극은 산업과 상업에 광고의 기초를 가르쳐주었다. 후자는 쇼 비즈니스의 과대선전을 채택했다. 하지만 실전 경험을 통해 상업은 이 조악한 광고 기술을 자신이 달성하고자 하는 구체적인 목적에 맞게 다듬었다. 그리고 나자 이번에는 연극이 사업의 선전 기술을 배워 응용함으로써 기존의 과장된 방법에서 완전히 탈피하기에 이르렀다.

현대의 극장이나 영화사 홍보 책임자는 수천만 또는 수억 달러에 이르는 투자금의 안위를 책임지는 사업가다. 홍보에는 곡예사나 차력사를 기용할 수 없다. 그는 자신의 대중을 정확하게 파악하면서 오락 세계가 옛 제자인 대기업에서 배운 방법으로 대중의 생각과 행동을 바꾸어야 한다. 대중의 지식 수준과 취향이 높아질수록 기업도 조금이나마 그러한 추세에 발맞추어야 한다.

현대의 기업은 대중의 맥을 계속 짚고 있어야 한다. 대중의 마음속에서 일어나는 변화를 파악하고 변화하는 여론에 스스로를 제대로 알릴 준비를 늘 갖추고 있어야 한다.

6장

선전과 정치 지도력
PROPAGANDA AND POLITICAL LEADERSHIP

제1차 세계대전 때 지원병을 모집하기 위해 발행된 포스터. 근엄한 표정의 엉클 샘이 "나는 당신이 미국 군대에 입대하기를 바랍니다."라고 말하고 있다. 이 한 장의 포스터 덕분에 지원병이 급격히 늘어났다. 1917년.

현대 민주주의 사회에서 정치가 직면하는 커다란 문제는 어떻게 하면 지도자가 지도력을 올바로 발휘하게 하느냐이다. '민심은 천심이다'라는 신조는 선출된 사람들을 유권자의 눈치나 보는 하인으로 전락시키는 경향이 있나. 미국의 일부 비평가들이 늘 불평하는 정치 무기력 현상은 다는 아니더라도 바로 이런 신조에서 기인한다.

　진지한 사회학자라면 민심이 신성하다거나 특별히 현명하고 고결한 사상을 대변한다고는 더 이상 믿지 않는다. 민심은 국민의 생각을 표현하며, 국민의 생각은 국민이 신뢰하는 지도자와 여론 조작에 능한 사람들에 의해 형성된다. 다시 말해 대대로 내려오는 편견, 상징, 상투어, 지도자의 언행이 여론을 주도한다.

다행히 성실하고 유능한 정치인은 선전이라는 도구를 통해 국민의 의사를 주조할 수 있다.

영국 총리 벤저민 디즈레일리(Benjamin Disraeli)는 다음과 같은 말로 이런 딜레마를 냉소적으로 표현했다.

"나는 국민을 따라야 한다. 그런 내가 과연 국민의 지도자인가?"

그는 이렇게 덧붙이고 싶었을지도 모른다.

"나는 국민을 이끌어야 한다. 그런 내가 국민의 하인인가?"

안타깝게도 오늘날 정치인이 대중을 다루는 방법은 1900년의 기업 광고 방식을 오늘날에 적용하는 것만큼이나 구태의연하고 비효과적이다. 정치는 미국에서 선전을 대규모로 활용한 첫 번째 분야에 속하지만 오늘날에는 달라진 대중의 심리 상태를 충족하는 선전 방식에서 가장 뒤쳐져 있다. 미국 기업들은 폭넓은 대중에게 호소하는 방법을 맨 처음 정치에서 배웠다. 하지만 그 후 서로 경쟁하는 과정에서 기업은 이런 방법을 끊임없이 갈고 다듬었다. 반면 정치는 낡은 틀을 고수했다.

귀가 따갑도록 듣게 되는 유권자의 정치에 대한 무관심은 무엇보다도 정치인이 대중의 의중을 헤아리지 못한다는 사실에 원인이 있다. 정치인은 대중의 이목을 집중시키려면 스스로를 어떻게 부각하고 어떤 말을 해야 하는지 전혀 알지 못한다. 지도자는 노예처럼 무조건 따라야 한다는 그릇된 생각 아래 선거 운동을 시종일관 무미건조하게 진행한다. 지도자는 때로는 전사, 때로는 독재자가 될 수 있어야 한다. 하지만 공직에 출마하려면 유권자의 비위를 맞추어야 하는 우리의 정치 현실 속에서 타고난 지도자가 지도력을 발휘하려면 선전을 활용하는 길밖에 없다.

공직에 선출되는 문제가 됐든, 새로운 사안을 공론화하는 문제가 됐든, 매일매일의 공무 처리 결과에 지역 사회 주민들의 관심을 집중시키는 문제가 됐든 대중의 마음에 부합하는 선전의 활용은 정치 생활의 필수 요소다.

오늘날 성공한 기업인은 정치인을 흉내낸다. 그는 선거 운동의 번지르르한 과대선전을 채택하고 있다. 뿐만 아니라 곁들이 쇼도 종류대로 선보인다. 해마다 그는 연설, 깃발, 허풍, 위엄, 가족주의의 색채를 약간 띠는 사이비 민주주의로 대변되는 만찬회를 개최한다. 경우에 따라선 그 옛날 공화국 시절에 명예로운 시민에게 포상을 했듯이 직원들에게 표창장을 수여하기도 한다.

하지만 이 모두는 대기업의 곁들이 쇼에 불과하다. 이런 요란한 북 장단을 통해 대기업은 공익에 이바지한다는 인상을 조성한다. 이는 대기업이 이사진과 직원들, 주주와 소비자 대중의 열렬한 충성심을 끌어내는 방법 가운데 하나일 뿐이다. 이는 대기업이 제품을 생산해 소비자에게 판매하는 자신의 기능을 수행하는 방법의 하나에 지나지 않는다. 기업의 실제 업무인 판촉 활동은 대중에 대한 철저한 분석과 그러한 분석에 근거한 제품 생산, 대중에게 다가갈 수 있는 수단의 총동원으로 이루어진다.

오늘날의 선거 운동에도 곁들이 쇼, 표창장, 호언장담, 미사여구 일색의 번드르르한 연설이 등장한다. 하지만 대부분의 경우 대중을 체계적으로 분석해 대중이 원하는 정당, 후보자, 연설, 행동을 생산하고 판매하는 본연의 업무와는 아무 관련이 없다.

정치는 미국 최초의 대기업이었다. 따라서 기업은 정치에서 모든 것을 배운 데 비해 정작 정치는 기업으로부터 생각과 제품의 대량 보급 방법을 별로 배우지 못했다는 사실은 아이러니가 아닐 수 없다.

에밀리 뉴얼 블레어(Emily Newell Blair. 민주당의 여성 정책을 주도한 인물. 옮긴이)는 일주일에 걸친 순회 선거 유세에 직접 참석하고 나서 노력과 돈을 낭비하는 선거 운동의 대표적인 사례를 《인디펜던트(Independent)》에 자세히 기고한 바 있다. 그녀가 추산하기로 그녀는 거의 천 마일(약 1,600킬로미터)에 달하는 5일의 여정에서 미국 상원 의원과 함께 정확히 1,105명의 유권자를 대상으로 정치 연설을 했다. 물론 그 둘이 기울인 노력 덕분에 1,105명의 유권자는 마음을 바꾸었을 수도 있다. 어쨌든 이들 유권자에게 호소하는 데 들어간 비용은, 그녀가 추산한 바에 따르면(소요된 시간의 가치를 보통 사람의 상식 기준에서 상계해) 유권자 1인당 15.27달러로 나왔다.

그녀는 "아이보리 비누 광고가 매출을 염두에 두고 벌이는 판촉전인 것과 마찬가지로" 선거 유세도 "표심을 잡기 위한 판촉전"이라고 말한다. 하지만 그녀는 이렇게 묻는다. "값비싼 연사를 기용해 1,200명도 안 되는 잠재 구매자에게 1인당 15.27달러가 들어가는 제품 설명회를 개최하는 영업부장에게 회사 경영진은 과연 뭐라고 말할까?" 그러고 나서 그녀는 "용의주도하게 기획한 비누와 채권과 자동차 판촉전을 통해 수백만 달러를 벌어들이는 바로 그 사람들이 선거 유세전에서는 지극히 비능률적이고 구태의연한 방식으로 경비를 지출하는 데 앞장서다니 참으로 놀랍다."라고 결론 내린다.

정치인이 기업이 구축한 정교한 사업 방식을 활용하지 않는다는 것은 정말 이해하기 어려운 일이다. 정치인은 정치 전략을 아는 것은 다른 문제라는 이유를 들어, 공약을 개빌하는 깃은 다른 문제라는 이유를 들어, 정치 연설문을 작성하고 폭넓은 정책을 파악하는 것은 다른 문제라는 이유를 들어 정치인 역시 미국 국민이라는 대중에게 아이디어를 팔아야 하는 책무가 있다는 사실을 인정하려 들지 않는다.

정치인은 대중을 이해한다. 정치인은 대중이 무엇을 원하고 무엇을 받아들일지 알고 있다. 하지만 정치인은 영업 이사나 PR

고문, 또는 아이디어의 대량 보급 방법에 정통한 사람은 아니다.

물론 금융 전문가, 공장장, 기술자, 영업 관리자, PR 고문의 능력을 모두 겸비한 팔방미인 기업 경영자가 더러 있듯이 정치인 중에서도 지도자에게 필요한 덕성을 모두 갖춘 경우가 있을 수 있다.

대기업은 정책을 수립할 때는 주도면밀해야 하고 미국의 광대한 구매 대중에게 아이디어를 팔 때는 광범위한 계획에 따라 일을 착착 진행해야 한다는 원칙에 입각해 행동한다. 정치 전략가도 그래야 한다. 선거 운동은 광범위한 계획에 의거해 이루어져야 한다. 대기업이 대중에게서 자신이 원하는 것을 얻고자 할 때와 마찬가지로 연설, 강령, 공약, 예산, 활동, 후보자의 개성을 면밀하게 분석해 그 결과를 활용해야 한다.

선거 운동의 첫 단계는 목표를 정하고 이를 현재 유행하는 형태, 즉 연단을 통해 효과적으로 표현하는 데서부터 출발한다. 연단 위에서 정치 지도자는 정직해야 한다. 신뢰받는 기업이 제품을 팔 때처럼 공약 또한 확실한 원칙과 환불 가능한 정책을 담고 있어야 한다. 대중은 선거 공약에 대한 신뢰를 잃었다. 대중은 정치인이 부정직하다고는 말하지 않지만 선거 공약은 사상누각이라고 말한다. 따라서 성공을 원하는 정당은 당연히 여론의 현주소를 파악해야 한다.

공약 작성은 대중과 대중의 욕구를 과학적일 만큼 철저하게 분석한 상태에서 이루어져야 한다. 다가오는 선거를 앞두고 정당과 정당에서 배출한 공직자의 활동 계획을 세워야 하는 정치 전략가에게는 여론 조사가 도움이 될 수 있다.

대기업은 제품의 판매를 앞두고 여론 조사를 통해 가장 먼저 시장 상황부터 분석한다. 지역 사회의 어느 한 부문이 이 제품의 개념에 완전히 넘어간다면 그 제품을 다시 팔 때는 돈을 한 푼도 쓸 필요가 없다. 반면 대중의 또 다른 분파가 돌이킬 수 없을 정도로 다른 제품에 호응한다면 잃어버린 명분을 되찾자고 쓸데없이 돈을 쓸 필요가 없다. 많은 경우 분석 결과는 판촉의 방향을 제시할 뿐만 아니라 제품 자체의 변화와 수정을 가져오기도 한다. 그런 만큼 시장과 매출에 대한 분석은 아주 신중하게 이루어진다. 연간 매출 목표를 세울 경우 기업은 광고를 게재하는 다양한 잡지와 신문의 구독자를 층별로 세분해 기업의 호소가 어떤 층에게 얼마나 많이 먹힐지를 고도로 정확하게 계산한다. 이러한 작업을 통해 기업은 전국 판촉전을 전개할 때 지역 판촉전과 어느 정도까지 중복 진행할지를 거의 정확하게 파악해낸다.

기업 분야에서와 마찬가지로 선거 운동 비용도 예산을 책정해야 한다. 오늘날 대기업은 다음 해나 그 다음 해에 들어갈 선전 비용이 얼마나 될지 정확하게 파악한다. 대기업은 총수입의 몇 퍼센트를 신문, 잡지, 옥외 광고, 포스터와 같은 광고에 할애

워런 G. 하딩(1865~1923)과 그의 러닝메이트 캘빈 쿨리지(1872~1933)가 대통령 선거전에서 플래카드, 깃발, 단추 등에 사용한 이미지. 에이브러햄 링컨이 두 사람의 머리 위에 손을 얹고 "국민의 (국민에 의한 국민을 위한) 정부는 지구상에서 사라지지 않을 것이다."라고 말하고 있다. 1920년.

할지, 사보와 사은품 같은 판촉물 배포에는 그 중 몇 퍼센트를 할애할지, 나아가 지역 판촉전에 추가로 활력을 불어넣기 위해 전국을 돌아다니는 영업 사원을 관리하는 데에는 그 중 몇 퍼센트를 할애할지를 미리 정해놓는다.

 이와 마찬가지로 선거 운동도 예산을 정해두어야 한다. 우선 선거 운동을 위해 조성해야 하는 돈의 액수부터 결정해야 한다. 그러려면 선거 운동에 들어갈 비용을 주도면밀하게 분석하는 작업이 선행돼야 한다. 기업 세계로 눈을 돌리면 예산 책정 절차와 관련해 참고할 만한 선례가 수두룩하다. 그 다음으로 결정해야 하는 중요한 문제는 기금을 조성하는 방법이다.

 물론 전쟁 기금 조성 캠페인처럼 선거 자금 조성 캠페인도 투명하고 공개적으로 이루어진다면 정치의 위상이 훨씬 높아질 것이다. 이와 관련해 자선 기금 조성 캠페인은 아주 훌륭한 본보기가 될 수 있다. 정치에서 뒷거래의 요소를 모두 제거한다면 미국 정치의 전체 위상이 높아질 뿐만 아니라, 캠페인 초기부터 대중의 적극적인 참여를 유도한다면 정치에 대한 대중의 관심이 무한정 커질 것이다.

 정치에서도 사업 분야에서와 마찬가지로 돈을 지출하는 방법을 명확하게 결정해야 한다. 이러한 결정은 더없이 신중하고 정확한 예산 책정에 의거해 이루어져야 하며, 그러기 위해선 선거 운동의 단계마다 비중을 정해 거기에 따라 자금을 배분해야 한다. 전체 계획과 조화를 이루는 가운데 예산에 맞추어 신문과 잡지 광고, 포스터와 현수막, 동영상 제작, 연설, 강연, 회의, 대규모 행사 등 모든 형태의 선전에 중요도를 정해야 한다. 경우에 따라서는 꼭 필요한 경비가 적게 책정되거나, 반대로 그야말로 불필요한 경비가 많이 책정될 수 있으니 주의해야 한다.

마찬가지로 대중의 어떤 감정에 호소하느냐 하는 문제도 선거 운동에서 중요한 비중을 차지한다. 아무 관계도 없는 감정에 호소하면 너무 일찍 식상해질 뿐만 아니라 비용도 많이 들고 노력만 낭비하는 결과가 빚어진다. 그런 식의 시도는 대개 응집력 있는 전체의 일부라기보다 주먹구구로 이루어지기 십상이기 때문이다.

대기업은 기본적인 감정을 가능한 한 많이 활용해야 한다는 점에 일찌감치 주목했다. 하지만 정치인은 주로 말을 통해 환기되는 감정에 의지한다.

선거 운동에서 대중의 감정에 호소하는 것은 당연하다. 사실 이는 선거 운동에서 빠질 수 없는 부분이다. 하지만 감정의 내용은 다음과 같아야 한다.

1. 모든 점에서 선거 운동의 기본 계획과 정확히 일치해야 한다.
2. 목표로 삼는 대중의 많은 집단이 품고 있어야 한다.
3. 전달하고자 하는 메시지의 배포 수단에 부합해야 한다.

겉만 번지르르한 감정은 시간이 지나면 시들고 만다. 가두 행진과 대중 집회 등은 대중이 행사에 열광할 때는 효과가 있다. 무릎에 아기를 안고 찍은 후보자의 사진은 그러한 행동이 공약의 내용과 들어맞을 경우에 한해서만 대중의 감정을 움직인다. 입을 맞추는 아기가 가치가 있다면 그러한 가치는 유아 정책을 상징하는 역할을 하면서 공약과 일치할 때에 국한된다. 전체 선거 운동에서 차지하는 가치는 고려하지 않은 채 무작정 무대에 올리고 보는 감정 위주의 행사는 하키 스케이트 제조업자가 봄의 신록에 둘러싸인 교회 사진을 광고로 사용하는 것과 마찬가지로 노력만 허비할 뿐이다. 교회 사진이 우리의 종교적 충동에 호소하고 다들 봄을 좋아하는 것은 맞지만 이런 충동은 하키 스케이트가 재미있고 유용하다거나 구매자에게 삶의 즐거움을 더해준다는 생각을 파는 데에는 아무런 도움이 되지 않는다.

작금의 정치는 인물에 중점을 둔다. 정당, 정강, 외교 정책이 후보자의 개성이라는 막연한 기준에 따라 대중에게 팔리기도 하고 퇴짜맞기도 한다. 후보자의 매력은 곧 무미건조한 공약을 득표라는 황금으로 바꿀 수 있는 연금술사의 비결이다. 이러저러한 이유로 국민의 관심을 사로잡는 후보자가 아무리 쓸모 있다 할지라도 정당과 정당의 목적은 후보자의 됨됨이보다 훨씬 더 중요하다. 모름지기 선거전이 건전성을 띠려면 후보자의 개성이 아니라 정당의 정책을 제대로 수행하는 후보자의 능력이,

백악관으로 초대한 배우들과 함께 웃고 있는 캘빈 쿨리지 대통령. 이 장면은 대통령 재선에 나선 쿨리지의 차갑고 무뚝뚝한 이미지를 개선하기 위해 버네이스의 자문을 받아 연출된 것으로, 다음날 주요 언론에 "배우들이 쿨리지를 웃게 만들었다."라는 기사와 함께 대서특필됐다. 쿨리지는 워런 G. 하딩 대통령이 1923년 재임 중에 사망하자 부통령에서 대통령으로 된 뒤 재선에 도전해 성공했다. 1924년.

아울러 선전 자체가 강조되어야 한다. 오늘날 미국의 사업계에서 가장 주목받는 인물인 헨리 포드조차 그가 선보이는 제품을 통해 유명세를 타고 있지, 그의 이름 때문에 그의 제품이 유명해진 것은 아니다.

무릇 선거 운동을 관리하는 사람은 여러 집단의 차원에서 감정을 교육해야 한다. 대중은 민주당원과 공화당원으로만 구성되어 있지 않다. 요즈음 대중은 대부분 정치에 무관심하기 때문에 관심을 끌려면 선거전에서 다루는 사안이 대중 개개인의 이해에 부합해야 한다. 대중은 경제, 사회, 종교, 교육, 문화, 인종, 학연, 지연, 좋아하는 스포츠 등 수백 가지 이유에서 서로 얽히고설킨 집단으로 구성되어 있다.

캘빈 쿨리지(Calvin Coolidge) 대통령이 조찬에 배우들을 초대한 이유는 배우가 하나의 집단일 뿐만 아니라 그 관객층, 다시 말해 오락을 좋아하는 대규모 집단의 사람들을, 자신들을 즐겁게 해주는 사람을 좋아하는 대규모 집단의 사람들을, 쉽게 즐거워하는 사람을 좋아하는 대규모 집단의 사람들을 자기 편으로 끌어들여야 한다는 인식 때문이었다.

셰퍼드-타우너 모성 및 유아 보호 법안(Sheppard-Towner Maternity and Infancy Protection Act)이 통과된 이유는 법안 통과를 위해 싸운 사람들이 어떤 사실을 깨달은 덕분이다. 즉 어머니도 집단을 이루고 교육자도 집단을 이루고 의사도 집단을 이루어 모든 집단이 서로 영향을 주고받으며 하나로 뭉치면 충분히 세력이 강해지고 수적으로 우세해져서 '많은 사람들이 이 법안이 국가 법률로 제정되기를 바란다'고 의회에 영향력을 행사할 수 있다는 점을 깨달은 덕분이다.

선거 운동 책임자는 광범위한 목표와 기본 계획, 다양한 집단에게 다가가는 호소 방법을 설정한 뒤 업무별로 가까이에 있는 매체를 신중하게 배분해 모든 일이 최대한의 능률을 올릴 수 있도록 해야 한다. 모든 행사와 활동은 인간의 의사소통 수단만큼이나 다양한 통로를 통해 아이디어를 보급할 수 있도록 기획되어야 한다. 대중이 볼 수 있는 시각 자료나, 말을 전달하는 수단, 다시 말해 유의미한 음성을 전달하는 매체는 모두 어떤 식으로든 활용해야 한다.

현재 선거 운동을 전담하는 사람들은 주로 라디오, 신문, 연회장, 대중 집회, 연단을 자신의 생각을 보급하는 수단으로 사용한다. 하지만 이는 활용 가능한 수단의 극히 일부일 뿐이다. 선거 운동을 부각해 사람들 입에 오르내리게 할 목적으로 기획할 수 있는 행사는 사실 그 종류가 무궁무진하다. 예를 들면 전시회, 경연대회, 정책 연구소와 교육 기관의 협조, 지금까지 정치 일선에 관여하지 않았던 집단의 협조 등이 대중에게 아이디어를 보급하는 수단이 될 수 있다.

하지만 어떤 수단을 선택하든 나머지 다른 형태의 대중 호소 방법과 정확히 부합해야 한다. 뉴스는 책·잡지·편지·포스터·전단·현수막·신문과 같은 인쇄 매체를 통해, 사진·동영상과 같은 시각 매체를 통해, 강연·연설·악단 연주·라디오·캠페인 송과 같은 청각 매체를 통해 대중에게 다가간다. 정당은 성공을 원한다면 이 모두를 활용해야 한다. 한 가지 호소 방법은 말 그대로 한 가지 호소 방법일 뿐이며, 천여 가지 운동과 개념이 대중의 관심을 놓고 경쟁하고 있는 이 시대에 한 가지 방법만으로는 대중의 이목을 사로잡을 수 없다.

선전 방법은 자신이 속한 집단의 편견과 욕망에 근거해 결정을 내리는 유권자에 한해서만 효과를 거둘 수 있다. 구체적인 충성심은 지도자의 통솔력 안에 존재하며, 이러한 충성심은 유권자의 자유의지를 완화시키는 기능을 한다. 물론 정치에서 지도자가 발휘하는 힘은 유권자와의 밀접한 관계에서 나온다.

공공 복지와 공공 사업에 대한 자신의 생각에 의거해 유권자의 마음을 움직이는 법을 터득한다면 정치인은 굳이 대중의 집단 편견에 따를 필요가 없다. 우리 시대의 정치인에게 중요한 것은 대중의 비위를 맞추는 기술이 아니라 대중을 흔들 수 있는 능력이다. 이론상으로 이러한 자질은 대중의 복잡한 성격을 설명하는 논문을 통해 익힐 수 있다. 하지만 실제로는 대중의 의중을 정확하게 헤아리고, 생각의 연쇄 반응을 촉발하는 환경을 조성하고, 개성을 부각시키고, 여론을 주도하는 각 집단의 지도자와 관계를 구축해야만 비로소 구사할 수 있다.

물론 선거 운동은 정치 생활의 일부에 지나지 않는다. 정치의 과정은 지속적이다. 전문적으로 구사되는 선전은 그리 눈에 띠지 않으면서도, 득표보다 민주적 행정에 좀더 유용하고 기본적인 보조 수단으로 작용한다.

좋은 제품이 잘 팔리듯이 좋은 정부는 지역 사회에 잘 팔린다. 자신이 속한 정당의 위상과 효율성을 유지하는 책임을 지는 미래의 정치인들이 선전가를 겸하는 정치인 양성에 소홀하다는 인상을 받을 때가 많다. 최근에 조지 워싱턴 올버니(George Washington Olvany. 태머니 홀의 지도자. 옮긴이)와 대화를 나눈 적이 있다. 그는 일부 프린스턴 대학교 출신들이 태머니 홀(Tammany Hall. 1790년대부터 1960년대까지 뉴욕 시에서 보스 정치를 주도한 기구. 옮긴이)에 참여하고 있다고 말했다. 내가 그의 위치에 있었다면 총명한 청년 몇 명을 골라 브로드웨이에서 연극 연출 수업을 받게 하거나 전문 선전가의 조수로 일정 기간 훈련을 쌓게 한 연후에 정당 업무를 맡겼을 것이다.

오늘날의 정치인이 기업계에서는 흔한 방법을 채택하는 데 굼뜬 이유 중 하나는 아마도 언제든 언론 매체에 접근할 수 있기 때문이 아닐까 싶다.

신문 기자는 정치인에게서 뉴스를 기대한다. 정치인은 정보를 제공하거나 보류하는 힘을 통해 정치 뉴스를 효과적으로 검열하는 경우가 많다. 하지만 몇 년에 걸쳐 매일 뉴스를 특정 정치인에게 의존하다 보면 신문 기자는 취재원과 손발을 맞춰 일할 수밖에 없다.

정치 지도자는 맹목적인 동의 과정의 피조물이 아니라 스스로 환경을 조성하는 창조자가 되어야 한다.

정치인이 관세 인하를 공약으로 내걸고 선거전을 펼친다고 가정해보자. 그는 라디오라는 현대의 장치를 활용해 자신의 생각을 보급할 수 있겠지만, 보나마나 앤드류 잭슨(Andrew Jackson. 미국의 7대 대통령. 옮긴이) 시대의 유물이라 기업에서는 대부분 폐기처분된 케케묵은 심리 전술을 사용할 확률이 아주 높다. 라디오에 출연해 그는 이렇게 말할 것이다.

"저와 낮은 관세에 투표하십시오. 높은 관세는 물가 상승의 주범입니다."

라디오를 통해 5천만 명의 청취자에게 직접 말할 수 있다는 것은 아주 큰 특권이다. 하지만 위의 예에서 그는 낡은 접근법을 사용하고 있다. 관성의 저항을 혼자 힘으로 공격하고 있다.

반면 그가 선전가라면 여전히 라디오를 사용하긴 하겠지만 라디오를 잘 짜인 전략 도구로 활용할 것이다. 낮은 관세 문제를 공약으로 내건다고 해서 단지 높은 관세가 물건의 가격을 올린다고 말하는 데 그치지 않고, 자신의 주장을 부각시켜 자명하게 만들 수 있는 환경을 조성할 것이다. 예를 들면 20개 도시에서 동시에, 현재 발효 중인 관세 때문에 발생하는 추가 비용을 보여주는 전시회와 더불어 저관세 전시회를 개최할 것이다. 그의 정치관과 상관없이 낮은 관세에 관심이 있는 유명 인사들을 초빙해 전시회 개막식을 성대하게 열 것이다. 높은 생활비 때문에 특히 고통받는 집단을 자극해 관세 인하 요구를 끌어낼 것이다. 양모 가격이 내릴 때까지 유명 인사들을 꾸려 양모 의류 불매 운동을 전개하는 동시에 면 의류의 중요한 기능을 널리 알리는 방법으로 현안을 부각시킬 것이다. 아울러 높은 양모 가격이 겨울철 빈곤층의 건강을 위협할 수 있다는 사회사업가들의 의견을 받아낼 것이다.

이처럼 현안을 부각하는 다양한 방법을 통해 대중은 그가 직접 말하기 전에 관세 문제에 관심을 갖게 될 것이다. 그리고 나서 라디오를 통해 수백만 명의 청취자에게 말할 기회가 왔을 때 그는, 다른 생각을 하면서 또다시 관심을 촉구하는 요구에 짜증을 내는 대중에게 굳이 자신의 주장을 강요하지 않아도 될 것이다. 오히려 그는 자발적으로 쏟아지는 질문에 답하면서 해당 주제에 이미 일정 정도 관심을 보이는 대중의 가려운 곳을 긁는 데 초점을 맞출 것이다.

체코슬로바키아 공화국 임시 대통령에 이어 현재 공식 대통령인 토마시 가리구에 마사리크(Tomáš Garrigue Masaryk)의 현명한 행동은 중요한 행사를 기획하기 전에 전 세계 대중을 고려하

대통령 선거에 나서서 첫 번째 라디오 연설을 하고 있는 로버트 매리언 라폴레트(Robert Marion La Follette, 1855~1925). 보호 관세, 고립주의, 제국주의 반대, 제1차 세계대전 참전 반대 등을 주장한 개혁파 정치가로서 보수파인 캘빈 쿨리지에 맞서 대선 경쟁을 펼쳤으나 낙선하고 이듬해에 심장 질환으로 사망했다. 1924년 9월 1일.

는 것이 얼마나 중요한지를 잘 보여준다.

체코슬로바키아가 공식적으로 자유 국가가 된 날은 1918년 10월 27일 일요일이 아니라 1918년 10월 28일 월요일이다. 그 이유는 마사리크 대통령이 전 세계 사람들이 정보를 좀더 많이 접해 공화국의 독립 선언에 좀더 관심을 갖게 하려면, 언론이 공화국의 독립을 다룰 지면을 좀더 많이 확보하게 하려면 일요일보다 월요일 아침이 좋다고 판단했기 때문이다.

독립 선포를 하기 전에 나와 그 문제를 가지고 논의하던 중 마사리크 대통령은 이렇게 말했다.

"체코슬로바키아가 독립 국가로 탄생한 날을 바꾼다면 언론을 위해 역사를 만들게 될 겁니다."

언론은 역사를 만들었고, 그래서 날짜가 바뀌었다. 이 사건은 새로운 선전 기술의 중요성을 여실히 보여준다.

물론 선전 기술이 너무 뻔히 보인다는 이유를 들어 선전은 곧 자멸하게 될 것이라며 반대 의견을 나타내는 사람도 있을 것이다. 하지만 나는 그렇게 생각하지 않는다. 세상이 점점 복잡해지고 지식 수준이 높아질수록 점점 힘을 잃게 되는 선전은 거짓되거나 비사회적인 선전밖에 없다.

정치 지도자를 양성하는 데 선전을 활용해야 한다는 의견에도 반대가 제기된다. 지도자가 선전가를 만드는지, 아니면 선전가가 지도자를 만드는지는 사실 의문의 여지가 많다. 어쨌든 홀륭한 홍보 전문가가 아무것도 아닌 사람을 위대한 인물로 부풀릴 수 있다는 점에는 대체로 동의하는 분위기인 듯하다.

이 문제의 답은 신문이 여론을 만드는가, 아니면 여론이 신문을 만드는가라는 오랜 질문에 대한 답과 같다. 지도자와 지도자의 생각은 기댈 비옥한 토양이 있어야 한다. 하지만 지도자에게는 그 땅에 뿌릴 씨앗도 있어야 한다. 또 다른 비유를 사용하자면 서로가 능률을 발휘하려면 상호 필요성이 존재해야 한다. 정치가가 대중이 의식적 또는 무의식적으로 듣고 싶어 하는 이야기 소재를 가지고 있지 않을 경우 선전은 그에게 아무 소용이 없다.

하지만 어떤 선전이 거짓이거나 부정직할 경우에조차 그와 같은 이유 때문에 그런 식의 선전 방법을 거부할 수는 없다. 몇몇 형태의 선전은 지도자가 유권자에게 호소해야 할 필요가 있는 곳에선 늘 사용될 것이기 때문이다.

선전이 미국 대통령을 지나치게 지켜세워 대통령이 아니라 신격화는 물론이고 영웅시하고 있다는 비난이 심심찮게 제기된다. 나도 그러한 견해에 전적으로 동의하지만 대중 가운데 특정 분파의 욕망을 정확히 반영하는 상황을 무슨 수로 저지한단 말인가? 미국 국민은 대통령이라는 직위의 엄청난 중요성을 올바로 인식하고 있다. 대중이 대통령과 그러한 권력의 상징을 동일시한다면 이는 선전의 잘못이 아니라 대통령이라는 직위의 성격, 나아가 그러한 직위와 대중의 관계에 책임이 있다.

직위에 걸맞도록 인물을 다소 과장되게 부풀리는 것이 사실이긴 하지만 이러한 상황은 선전을 전혀 사용하지 않거나 선전을 적절하게 사용하지 못하는 경우보다 훨씬 더 안전하다. 영국 왕세자(조지 6세. 옮긴이)의 경우를 예로 들어보자. 이 젊은이는 미국 방문으로 신문 지면에 무수하게 등장하며 사소한 영광을 추가로 챙겼다. 이유인즉 단지 철이 없다는 것 때문이었다. 미국 대중에게 그는 옷을 잘 입고, 매력적이며, 스포츠와 춤을 좋아하고, 어쩌면 약간 경박한 젊은이로 비춰졌다. 체류 기간이 거의 끝나갈 무렵 그가 뉴욕 전철에 탑승하기 전까지 이러한 인상은 변하지 않았다. 민주주의와 근로자들의 진지한 생활 전선 속으로 뛰어든 이 단독 시도는 왕자에 대한 새로운 관심을 불러일으켰다.

하지만 그가 만약 제대로 된 분별력을 갖추었더라면 스웨덴의 구스타프 아돌프(Gustaf Adolf. 1926년 6월 미국 방문. 옮긴이) 왕자처럼 미국인의 생활에 대한 진지한 고찰을 통해 그런 행동의 효과를 좀더 높였을 것이다. 잘 짜인 선전의 부재로 인해 영국 왕세자는 영국이라는 국가를 상징하는 헌법상의 기구가 아니라 사교계의 일원으로만 비춰졌다. 영국은 왕세자를 전담할 유능한 PR 고문의 중요성을 간과함으로써 양국 사이의 친선과 이해를 드높일 수 있는 소중한 기회를 잃고 말았다.

미국 대통령의 공식 활동은 이렇게 말하면 좀 뭣하지만 극적 효과를 내도록 연출된다. 하지만 그러한 활동은 국민의 대표로서 기능하는 인물을 드러내고 부각시키려는 목적에서 선택된다. 대중적 지도자는 앞에서 이끌기보다 뒤에서 따라가는 경향이 있다는 데에 뿌리를 둔 이 정치적 수완은 (그가 그렇게 믿는 것처럼) 대중과의 접촉을 유지하기 위해 사용하는 '여론 관측 수단(trial balloon)'이다. 물론 정치인에게는 냉정하다고도 할 수 있는 귀가 있다. 그는 그 귀를 땅에 바싹 붙이고 정계의 요란한 소리를 듣는다.

하지만 많은 경우 그는 그런 소리들이 무엇을 의미하는지, 피상적인 소리인지 중요한 소리인지 알지 못한다. 그래서 그는 여론 관측용 풍선을 띄워 올린다. 경우에 따라선 언론을 통해 익명의 인터뷰를 내보기도 한다. 그러고 나서 대중에게서 반향이 나오기를 기다린다. 대중은 집회나 결의문, 전보, 심지어는 신문 논설과 같은 확실한 의사 표명을 통해 자신의 입장을 표현한다. 이러한 반향을 토대로 정치인은 원래의 정책을 공표하거나, 포기하거나, 여론에 부합하도록 수정한다. 이러한 방법은 적에게 평화 협상을 체결할 의중이 있는지 떠보거나 기타 대중의 경향을 시험하기 위해 사용했던 전시의 평화 협정 타진을 모델로 삼고 있다. 오늘날에는 국회 의원 출마를 앞둔 정치인이나 대내외 정책 입안을 앞둔 정부가 흔히 이 방법을 사용한다.

하지만 이 방법은 그다지 타당하지 않다. 정치인이 진정한 지도자라면 시행착오라는 볼품없는 수단에 의지해 국민을 추종하기보다 선전 기술을 노련하게 구사해 국민을 선도할 수 있다.

선전가의 접근 방법은 방금 언급한 정치인의 접근 방법과 정반대다. 선전이 성공을 거두려면 먼저 목표를 설정한 뒤 대중에 대한 정확한 지식과 대중을 움직일 수 있는 환경 조성을 통해 목표를 달성하려는 노력을 기울여야 한다.

"정치인의 역할은 과학자처럼 정확하게 국민의 뜻을 표현하는 데 있다." 조지 버나드 쇼(George Bernard Shaw)의 말이다.

오늘날의 정치 지도자는 정치경제와 시정학만큼이나 선전 기술에 밝아야 한다. 지역 사회의 보통 지식 수준을 반영하는 데 그친다면 차라리 정치를 그만두는 게 낫다. 어느 집단이든 지도자로 인정하는 사람을 따르는 민주주의를 다루고 있다면 지도자 수업을 받는 젊은이들에게 민주주의 이론뿐만 아니라 실천 기술을 가르쳐야 하지 않겠는가?

"지식 계층과 실무 계층의 간극이 너무 클 경우 전자는 아무런 영향력도 미치지 못하고, 후자는 아무런 수확도 거두어들이지 못한다." 영국의 역사가 헨리 토머스 버클(Henry Thomas Buckle)의 말이다.

현대의 복잡한 문명 속에서 선전은 이러한 간극을 해소하는 교량 역할을 한다.

선전의 현명한 사용을 통해서만 국민의 지속적인 행정 기구인 정부는 민주주의의 필수 요소인 대중과 친밀한 관계를 유지할 수 있다.

데이비드 로렌스(David Lawrence)가 최근의 한 연설에서 지적했다시피, 워싱턴에 있는 우리 정부에 정보 분석 기구를 두어야 한다. 실제로 국무부에는 정보부(Division of Current Information)가 있다. 처음에는 경험 많은 신문 기자들이 주도했던 이 부서는 나중에 대중에 대한 지식이 거의 없는 외교 전문가들로 채워지기 시작했다. 이들 외교관 가운데 더러는 일을 매우 잘 해오고 있지만 로렌스는 국가가 장기적으로 혜택을 보려면 이 부서의 기능을 다른 직종의 사람들 손에 넘겨야 한다고 주장한다.

국무부 차관은 언론에 정보를 배포하는 문제에 정통한 인물이어야 한다. 구체적으로 말하면 장관이 자문을 구할 수 있고, 이유가 불충분할 경우 장관을 설득해 정책 발표를 미룰 수 있게 할 만큼 권위가 있는 인물이어야 한다.

선전가의 역할은 단순히 정보를 언론에 배포하는 것보다 훨씬 더 광범위하다. 미국 정부는 대통령 직속에 홍보수석(Secretary of Public Relations)이라는 자리를 신설해야 한다. 상황을 정확하게 분석하는 것이 이 관료의 역할이어야 한다. 아울러 미국의 목표와 이상을 전 세계에 알리고, 이 나라 국민이 정부의 활동과 그러한 활동을 펴는 이유에 계속 접근할 수 있도록 하는 것도 이 관료의 역할에 포함될 것이다. 간단히 말해 정부에는 국민의 의사를, 국민에게는 정부의 의사를 전달하는 것이 그의 역할이다.

그러한 관료는 흔히 말하는 선전가나 홍보 담당에 그쳐선 안 된다. 그보다 대중의 생각과 대중의 동향을 분석해 정부에 대중에 대한 정보를 꾸준히 공급하는 한편, 국민에게는 정부에 대한 정보를 공급하는 데 정통한 전문가여야 한다. 그럴 경우 미국과 남아메리카, 미국과 유럽의 관계가 크게 향상될 것이다. 민주주의가 꽃피려면 그 운영을, 대중을 통치하고 지도하는 법을 잘 아는 소수 지식인에게 맡겨야 한다.

이러한 정부가 바로 선전을 중심으로 돌아가는 정부가 아닐까? 원한다면 교육을 중심으로 돌아가는 정부라고 불러도 상관없다. 하지만 교육이라는 말의 의미를 학술 차원에 국한시켜서는 곤란하다. 여기서 교육이란 새로운 환경 조성을 통해, 중요한 행사와 사안의 의미 부각을 통해 이루어지는 계몽된 형태의 선전을 말한다. 따라서 미래의 정치인은 중대한 정책에 대중의 관심을 집중시키는 한편, 정확한 이해와 정보 활동을 바탕으로 각기 다른 계층으로 이루어진 유권자라는 거대한 집단을 조직하는 능력을 갖추어야 한다.

7장

여성의 활동과 선전
WOMEN'S ACTIVITIES AND PROPAGANDA

1915년 10월 23일 뉴욕에서 시가행진을 하고 있는 여성 참정권 운동가들. 미국에서 남녀의 평등한 참정권은 1920년 8월에 공식적으로 승인됐다.

오늘날 미국의 여성들은 법적으로 남성과 동등하다. 그렇다고 해서 남성과 똑같은 활동을 하고 있다는 의미는 아니다. 여성 대중에게는 경제적인 부의 추구와 직업상의 이해 외에도 특별한 관심과 활동이 있다.

여성의 영향력은 선전이라는 무기를 통해 조직되고 무장될 때 가장 확실하게 발휘될 수 있다. 그렇게 조직되고 무장된 여성 대중은 시 의회, 주 입법부, 연방 의회, 행정부, 선거 운동, 지역 사회 및 전국의 여론을 대상으로 영향력을 행사했다.

영향력이라는 측면에서 볼 때 오늘날 미국의 여성은 현실 정치 안에서의 위상이나 공직 진출 비율에 비해 정치에서, 조직화된 집단 안에서 훨씬 더 중요한 비중을 차지하고 있다. 하지만 현재까지 여성 정치인은 영향력이 그리 크지 않으며, 여성들 또한 여성 정치인을 당면한 문제와 관련해 가장 중요한 요소로 보지 않는다. 미리엄 A. 퍼거슨(Miriam A. Ferguson. 미국 최초의 텍사스 여성 주지사. 옮긴이)은 전업 주부였고, 퇴임한 남편의 끄나풀인 전(前) 와이오밍 주지사 넬리 테일로 로스(Nellie Tayloe Ross. 미국 최초의 여성 주지사. 와이오밍 주지사인 남편 윌리엄 브래드퍼드 로스가 병으로 죽은 뒤 이어서 자의반타의반 당선됨. 옮긴이)는 어느 모로 보나 정치가나 여론 주도자로서의 자질이 부족했다.

여성 참정권 운동은 무엇보다도 특정한 목적을 달성하는 데 선전이 얼마나 중요한 역할을 하는지를 여실히 보여주었다. 오늘날 여성들은 워싱턴과 각 주에서 자신들의 목적을 달성하기 위해 선전을 활용하고 있다. 워싱턴의 경우 여성유권자연맹(League of Women Voters), 젊은여성기독교인협회(Young Women's Christian Association), 여성기독교인금주동맹(Woman's Christian Temperance Union), 여성클럽연합(Federation of Women's Clubs) 등을 아우르는 14여성단체입법위원회(Legislative Committee of Fourteen Women's Organizations)가 활동하고 있다. 이들 단체는 입법 정책을 입안한 다음 현대의 선전 기술을 활용해 그러한 정책이 이 땅의 법으로 자리잡도록 활동을 벌인다.

입법 분야에서 여성들이 거두는 성과는 다양하다. 수많은 복지 관련 법규가 여성들의 활동 덕분이라고 해도 과언이 아니다. 예를 들면 1일 8시간 근무제가 그렇다. 금주법도 마찬가지다. 각 주 정부에 대한 중앙 정부의 모성 복지 지원을 명문화한 셰퍼드-타우너 법안의 통과도 여성들의 공로다. 프랭크 A. 밴더립(Frank A. Vanderlip)과 찰스 E. 미첼(Charles E. Mitchell)의 선견지명과 혜안이 없었다면 이 법안은 통과되지 못했을 것이다.

여성유권자전국연맹(National League of Women Voters) 제1차 대회에서 천명된 연방 법안들은 여성 단체의 사회사업 정책 기조를 아주 잘 보여준다. 이들 법안은 아동 복지, 교육, 가정 경제와 높은 물가, 고소득 직종에 종사하는 여성, 공중 보건과 도덕, 결혼한 여성의 공민권 등 광범위한 분야에 걸쳐 관심을 보였다.

이러한 원칙들을 널리 알리기 위해 여성유권자전국연맹은 그동안 정기 보고서, 연중 행사표, 선거 정보지 등 다양한 형태의 인쇄물을 발행해 정부를 상대로 시범 수업과 시민 의식 교육을 실시해왔다.

오늘날 여성 단체가 미국 정치에 미치는 영향력은 크게 두 가지에서 연유한다고 볼 수 있다. 첫째, 완고한 다수를 설득하려면 선전 기술을 모두 활용해야 하는 참정권 운동을 전개하면서 행정 전문가나 입법 전문가를 양성했기 때문이다. 둘째, 전시에 중요한 명분과 대중 운동에 기여했던 유명한 여성 인사들이 평시에 들어와 참정권 운동에 투신했기 때문이다. 예를 들면 프랭크 밴더립, 앨리스 에임스 윈터(Alice Ames Winter), 헨리 모스코위츠(Henry Moskowitz), 플로렌스 켈리(Florence Kelley), 존 블레어(John Blair), 올리버 H. P. 벨몬트(Oliver H. P. Belmont), 도리스 스티븐스(Doris Stevens), 앨리스 폴(Alice Paul) 같은 여성이 떠오른다.

내가 여성들이 정치에서 거둔 성과에 초점을 맞추는 것처럼 보인다면 그 이유는 여성들이 새로운 선전을 현명하게 활용해 소수의 생각을 다수에게 알리고 동의를 끌어내는 데서 깜짝 놀랄 만큼 매우 훌륭한 본보기를 보여주기 때문이다. 정계에 갓 입문한 신참일수록 부족한 현실 정치 경험을 상쇄하려면 설득이라는 가장 최신의 무기를 파악해 적절히 활용해야 한다고 말해도 과언이 아닐 듯하다. 이 새로운 기술의 예를 들면 다음과 같다. 몇 년 전 여성소비자위원회는 '미국의 평가(American valuation)'라는 수입 관세 도입에 반대하는 운동을 전개하는 과정에서 뉴욕 5번가의 비어 있는 점포를 빌렸다. 그리고 상품 전시회를 열어 상품마다 현재의 가격과 새로운 관세법이 통과될 경우 달라지게 될 가격을 붙였다. 이 점포를 찾았던 수백 명의 방문객들이 위원회의 명분을 지지했다.

여성이 영향력을 행사하면서 사회적인 목적을 달성하는 분야는 비단 정치에만 국한되지 않는다. 여성들은 비정치 분야에서도 목적 달성을 위해 '집단 지도력의 원리(principle of group leadership)'를 활용해왔다.

여성클럽총연합(General Federation of Women's Clubs)에는 총 13,000개 단체가 가입되어 있다. 이들 단체를 분류하면 크게 시민 단체, 주부 단체, 회화나 음악이나 문학을 추구하는 문화 단체, 기업인과 전문직 단체, 시민 단체의 양상을 띠거나 위에서 열거한 기타 단체의 성격 중 일부를 동시에 공유하는 여성 단체로 나뉜다.

여성 단체의 목표는 대개 위생 교육, 회화 감상, 여성과 아동의 복지 증진에 영향을 미치는 법안의 지지, 놀이터와 공원 확충, 사회적 또는 정치적 윤리 기준의 진작, 가사와 가정 경제, 교육에 초점이 맞추어진다. 이들 분야에서 여성 단체는 기존의 단체와는 차원이 다른 활동을 전개하면서 많은 경우 지역 사회의 이익에 이바지하는 운동을 발기하거나 촉진한다.

예를 들어 가사와 실용 예술에 주로 관심이 있는 단체라면 결혼을 앞둔 미혼 여성을 대상으로 요리 강좌를 개설할 수 있다. 《뉴욕 헤럴드 트리뷴(New York Herald Tribune)》이 최근에 실시한 요리 강좌는 이 분야에 대한 여성들의 관심이 얼마나 뜨거운지를 잘 보여준다. 카네기 홀에서 열린 이 요리 강좌에는 무려 3천 명 가까이 참석했다. 요리 강좌가 진행되는 며칠 동안 카네기 홀은 유명한 성악가나 피아니스트의 공연 때 못지않게 연일 만석 행진을 기록하며 대도시의 여성들은 가사에 관심이 없다는 생각을 완전히 뒤바꾸었다.

여성과 아동의 복지에 관심이 있는 단체라면 공립 학교에 우유를 보급하거나 보건 당국에 아동 위생 부서를 설치하는 운동을 전개할 것이다.

음악에 관심이 있는 단체라면 지역 라디오 방송국과 협조해 더 좋은 음악 프로그램을 선보임으로써 자신의 영역을 넓히고 지역 사회에 이바지할 수 있다. 저질 음악에 반대하는 운동도 선거전 못지않게 치열할 수 있으며, 선거전 못지않게 다양한 수단을 필요로 할 수 있다.

그림에 관심이 있는 단체라면 해당 도시에 미술 전시회를 유치하는 데 적극 나설 수 있다. 아울러 회원들의 작품으로 순회 전시회를 열거나 초·중·고생 또는 대학생들의 작품을 전시할 수도 있다.

문학에 관심이 있는 단체라면 강연회와 인기 작가에 치중하는 동호회 단위에서 탈피해 지역 사회의 교육에서 일정한 역할을 담당할 수도 있다. 예를 들면 지역 사회의 역사나 지역 사회가 배출한 위인의 생애를 주제로 학생 글짓기 경시대회를 후원하는 방법이 있을 수 있다.

이처럼 여성 단체는 설립 당시의 제한된 목표를 뛰어넘어 지역 사회의 공익에 부합하는 운동을 전개하거나 그러한 운동에 도움을 줄 준비를 늘 갖추고 있다. 더욱이 여성 단체는 여성의 목소리를 여론화할 수 있는 체계적인 창구 역할을 한다.

   사적인 생활에서 남성의 부족한 부분을 채우듯이, 공적인 생활에서도 여성들은 남성이 간과하기 쉬운 목표에 관심과 노력을 기울임으로써 남성의 부족한 역할을 보충하게 될 것이다. 정치와 사회 운영을 둘러싸고 여성이 새로운 생각과 방법의 주창자로 활약할 수 있는 분야는 이루 말할 수 없이 많다. 여성이 새로 획득한 자유를 다각도로 활용해 체계적이고 의식적으로 환경에 영향을 미치려는 노력을 기울인다면 이 세상은 좀더 살기 좋은 곳으로 바뀔 것이다.

8장

교육을 위한 선전
PROPAGANDA FOR EDUCATION

조지타운 대학교의 졸업식에서 연설하고 있는 캘빈 쿨리지 대통령. 1924년.

교육은 갈수록 대중의 관심에서 밀려나고 있다. 그런 가운데 서도 공립 학교 제도는 물질 면에서나 재정 면에서 적절한 지원을 받고 있다. 대학 교육에 대한 현저한 관심과 문화에 대한 막연한 욕구가 수많은 강좌와 강연회의 형태로 나타나고 있다. 대중은 교육의 진정한 가치를 인식하지 못할 뿐만 아니라, 민주주의 사회의 원동력인 교육이 당연히 받아야 하는 관심을 받지 못하고 있다는 사실을 인식하지 못한다.

예를 들어 신문만 해도 교육에 그다지 지면을 할애하지 않는다는 느낌을 떨칠 수가 없다. 교육 문제에 관한 전문가의 논의도 거의 찾아볼 수 없다. 개리 학교 제도(Gary School System)가 새로 도입됐다는 소식이나 하버드 대학교가 경영 대학원을 설립하기로 결정했다는 소식 등을 둘러싸고 어쩌다 진행되는 논의를 제외하면 교육은 대중의 관심을 끌지 못한다.

이러한 상황이 발생하는 데에는 수많은 이유가 있다. 무엇보다도 교육자가 교육의 초점을 대중이 아니라 교실에 있는 학생 개개인에게 맞추도록 훈련받기 때문이다.

민주주의 사회에서 교육자는 학문상의 의무뿐만 아니라 일반 대중과도 일정하고 건전한 관계를 맺어야 하는 책임을 진다. 물론 대중은 교육자가 지니는 학문상의 의무와는 직접 관련이 없다. 하지만 어떤 의미에서 교육자는 자신의 생활과 정신, 그리고 자신의 업무를 규정하는 문화 전반의 분위기를 대중에게 의존한다. 교육 분야에서도 우리는 정치와 그 외 분야에서 목격해 온 문제를 발견하게 된다. 즉 전문가의 발전 속도가 그를 둘러싼 사회의 발전 속도에 미치지 못할 뿐만 아니라, 바로 그 때문에 현대 사회가 발전시켜온 아이디어의 보급에 필요한 도구를 제대로 활용하지 못한다. 이것이 사실이라면 교육대학의 교과 과정에 이 방면의 새로운 내용을 추가해 미래의 교사들이 시야를 넓히는 데 필요한 교육을 실시해야 한다. 교사가 일반 대중과 학문의 관계를 이해하지 못하면 대중도 당연히 이해하지 못한다.

교육대학은 교사로서의 소임과 선전가로서의 소임을 동시에 충족할 수 있는 교육자를 양성해야 한다.

오늘날 교육이 대중의 사고와 관심 영역에서 멀어진 두 번째 이유는 초등학교 교사든 대학 교수든 학교 밖의 세계를 바라보는 교육자의 시각에서 연유한다. 이는 어려운 심리학 문제다. 교사 역시 객관적인 목표를 높이 사면서 그러한 목표 달성을 중시하는 미국 사회의 일원이다. 그런데 봉급 수준은 보통이거나 열악하다. 상식의 기준에서 스스로를 판단할 때 교사는 열등감을 느낀다. 제자들이 드러내지는 않지만 내심 바깥세상의 성공한 기업인이나 지도자와 자신을 끊임없이 비교한다는 것을 알기 때문이다. 그 결과 교사는 우리의 문명에서 소외 계층으로 전락한다. 일반 대중이 성공의 기준을 바꾼다면 모를까(곧 바뀔 것 같지는 않다.), 그렇지 않은 이상 지금의 상황으로는 이러한 상태가 외부에서부터 바뀔 조짐은 보이지 않는다.

하지만 교육자 스스로 이러한 현실을 바꿀 수 있다. 그러려면 학생 개개인과의 관계뿐만 아니라 일반 대중과의 사회 관계에도 밝아야 한다. 모름지기 교사는, 자신이 속한 사회와 밀접하게 관계를 맺고 있다고 주장하는 대중을 계몽하는 차원에서 일정 정도 선전을 수행할 권리가 있다. 교사는 교육계 구성원 개개인을 대변해 선전을 수행하는 것 외에도 교사라는 직업의 전체 위상을 끌어올려야 한다. 교사가 자력으로 스스로에 대한 평가를 높이지 못한다면 우수한 인재를 교육계로 영입하는 능력을 급속하게 상실하고 말 것이다.

물론 선전이 현재 교육계의 불만족스런 상황을 모두 바꿀 수는 없다. 낮은 급여와 정년 퇴직 후 적절한 노후 대책의 부족과 같은 요인들은 교사의 지위에 분명히 나쁜 영향을 미친다. 교사라는 직업에 대한 일반인의 태도를 바꾸려면 여론의 현주소를 정확히 파악해 그러한 지식을 바탕으로 다가가야 한다. 그렇게 해서 대중의 태도가 달라지면 교사의 급여가 좀더 적절하게 책정되어야 한다는 주장이 자연스레 제기될 것이다.

미국의 학술 단체들이 재정 문제를 다루는 방법에는 여러 가지가 있다. 예를 들어 대학이나 대학교의 경우 재정 지원을 주로 주 의회의 보조금에 의존하거나 개인 기부금에 의존한다. 그 외 종교 단체가 운영하는 교육 시설도 있지만 미국의 고등교육 기관은 이 두 종류가 대세를 이룬다.

주립 대학교는 주 의회에서 통과된 주민 보조금의 지원을 받는다. 이론상으로 대학교가 받는 지원의 정도는 유권자들이 그 학교를 얼마나 인정하느냐에 달려 있다. 다시 말해 주립 대학교의 번영은 해당 주의 주민들에게 스스로를 얼마나 잘 팔 수 있느냐에 달려 있다. 따라서 총장이 선전가로서 교육 현안을 부각시키는 데 뛰어난 자질을 갖춘 인물이 아닐 경우 해당 대학교는 불행한 처지에 놓이게 된다.

하지만 총장이 선전가로서 발군의 실력을 발휘해 정책의 초점을 주 의회의 지지를 얻는 데 맞춘다면 대학의 교육 기능에 문제가 생길 수도 있다. 실제든 추측에 불과하든 대학이 대중의 관심을 끄는 데에만 연연하면서 학생 개개인의 교육보다 대학 자체의 운영을 우위에 둘 가능성은 얼마든지 존재한다. 즉 정작 학생들 교육은 팽개치고 주 유권자 교육에 열을 올릴 수도 있다는 얘기다. 그럴 경우 대학은 정치 도구로, 권력을 잡은 정치 세력의 하수인으로 전락할 가능성이 아주 높다. 총장이 대중과 직업 정치인 모두를 좌지우지할 경우 총장의 개성이 그 학교의 진정한 기능보다 더 중요하게 취급될 수 있다.

사립 대학이나 대학교도 매우 곤혹스런 문제를 안고 있기는 마찬가지다. 사립 대학은 대개 사회적·경제적 목표가 명확하고 제한적이며, 바로 그 때문에 추상적인 지식의 추구와 충돌을 일으킬 때가 많은 재계 유력 인사의 지원에 의존한다. 성공한 기업인은 학문만 강조하면서 실용성을 백안시한다며 명문 사립 대학교들을 비난한다. 재계 인사는 자신이 지원하는 대학교가 응용 과학이나 실용적인 영업 기술, 산업 능률의 교육에 특화하기를 바랄지도 모른다. 실제로 대학의 잠재 기부자들이 이들 교육 시설에 강제하는 요구를 살펴보면 학문 및 일반 문화의 이해와 정면으로 상충하는 경우가 많다.

따라서 현재 우리 대학은 대학의 취지에 반대하는 사람들을 대상으로 학문의 필요성을 역설하면서 돈을 기부하라고 사정해야 하는 기묘한 상황에 직면해 있다. 우리 미국 사회의 상식 기준에 비추어볼 때 실패자 아니면 성공과 거리가 먼 사람들(교육자들)이 크게 성공한 사람들(기업가들)에게 그들 입장에서는 못마땅하기 짝이 없는 이상 추구에 돈을 내라고 설득하기에 여념이 없다. 돈을 경멸하는 사람들이 자존심도 팽개친 채 돈을 사랑하는 사람들의 선의를 얻고자 애쓴다.

앞으로 사립 대학의 위상은 학문 추구라는 요소와 기부금 조성이라는 요소가 얼마나 균형 있게 조화를 이루느냐에 달려 있다고 해도 과언이 아닌 듯하다.

대학은 대중의 지지를 얻어야 한다. 잠재 기부자가 냉담할 경우 그를 설득하려면 대중의 열렬한 호응이 있어야 한다. 잠재 기부자가 대학의 교육 정책에 부당하게 영향력을 행사하고자 한다면 여론이 앞장서서 학문 기관 본연의 기능을 계속 수행할 수 있도록 대학을 지지해야 한다. 둘 중 어느 한 요소가 부당하게 우위를 점할 경우 자칫 특정 집단의 비위를 맞추려는 악선전이나 속물주의가 판을 칠 가능성이 높다.

하지만 해결책은 또 있다. 즉 교육의 중요성을 널리 알리는 선전 활동을 통해 이 나라 국민의 사회 의식을 일깨운다면 기부 계층의 마음에도 각성이 일어나 줄리어스 로젠월드(Julius Rosenwald), 밸런타인 에버릿 메이시(Valentine Everit Macy), 존 D. 록펠러 주니어(John D. Rockefeller, Jr.), 고(故) 윌러드 디커먼

록펠러 재단이 베이루트 아메리칸 대학교에 지어준 화학 실험실 건물 안에서 공부하고 있는 대학생들. 1920년대.

스트레이트(Willard Dickerman Straight) 같은 인물이 점차 늘어날 것이다.

많은 대학이 이미 일반 대중과 적극적이고 지속적인 관계를 맺기 위해 기지 넘치는 선전 기술을 개발해왔다. 대학의 소식을 대내외에 알리는 부서를 따로 두어 지역 사회와의 관계를 돈독히 유지하는 경우가 그 대표적인 사례에 속한다. 그 동안 이들 부서 책임자들은 일 년에 한 차례씩 만나 현안을 논의하면서 대학간 협력 체계를 구축해왔다. 이러한 자리에서 오가는 의제에는 동문 교육, 일반 대중과 특정 집단에 미치는 동문의 영향력, 신입생 유치 계획, 대학의 스포츠 실적과 상관없이 애교심을 배양하는 문제, 도움을 줄 수 있는 사람들의 관심을 촉구하기 위해 대학의 연구 활동을 널리 알리는 문제, 특정 목적에 필요한 기부금을 끌어오기 위해 대학의 취지와 활동에 대한 이해의 폭을 넓히는 문제 등이 포함된다.

현재 예일, 웰즐리, 일리노이, 인디애나, 위스콘신, 웨스턴리저브, 터프츠, 캘리포니아 등 약 75개 대학교의 홍보국이 미국대학홍보국협회(American Association of College News Bureaus)에 가입해 있다. 이 단체는 두 달에 한 번씩 소식지를 발행해 회원들에게 각 대학의 소식을 전하고 있다. 대학의 윤리 기준을 정하는 한편, 언론에 협조를 구하는 것이 이 단체의 주요 활동 목표다.

아울러 전국교육협회(National Education Association) 같은 단체들도 교육계의 광범위한 목표를 널리 알리기 위해 선전 활동을 전개하고 있다. 물론 이러한 선전의 목적은 주로 교사의 지위와 급여 향상에 있다. 가끔씩 윌리엄 매캔드루(William McAndrew. 시카고 교육감인 그는 교사 의견 수렴 제도를 폐지하고 교사의 자질과 교육 효율을 강조하며 교사 평가와 검정 교과서 사용 의무화를 실시했다. 옮긴이) 사건과 성격이 비슷한 사건이 발생한다. 이러한 사건은 일부 학교에서 교사들이 학문의 자유를 온전히 누리지 못하고 있으며 몇몇 지역 사회에서는 교사 임용이 실제 능력보다 정파나 종파를 기준으로 이루어진다는 사실에 대중의 관심을 집중시킨다. 그러한 문제가 선전이라는 수단을 통해 전국 차원에서 공론화된다면 상황은 분명히 개선될 것이다.

대학이 안고 있는 문제들은 일반인이 생각하는 것보다 훨씬 더 다양하고 복잡하다. 예를 들어 각 대학교 약학 대학은 약국이 더 이상 약국이 아니라 음료수 가게와 간이 식당, 서점, 문방구에서부터 여분의 라디오 부품에 이르기까지 온갖 제품을 취급하는 잡화점으로 기능하고 있는 현실에 개탄을 금치 못한다. 약학 대학은 간이 식당으로서의 특성이 약국을 개업하는 약사에게 경제적으로 유익하다는 점을 인정하면서도 고대부터 약을 조제하면서 누려온 약사의 명예가 실추되고 있다는 데 우려를 표명한다.

코넬 대학교는 기부금이 드물다는 사실에 주목한다. 왜 그럴까? 그 이유는 사람들이 이 대학교가 주립이라 주 정부의 지원을 받는다고 생각하기 때문이다.

미국의 손꼽히는 대학교 중 상당수가 연구 활동 결과를 도서관과 학술지에 제출해야 할 뿐만 아니라, 대중이 쉽게 이해할 수 있도록 실용성과 유용성에 초점을 맞추어 대중에게 알려야 한다고 생각한다. 하버드 대학교는 그 중 하나의 예에 불과하다.

다음은 《퍼스낼리티(Personality)》의 찰스 A. 머릴(Charles A. Merrill)의 설명이다.

얼마 전 하버드 대학교의 한 교수가 신문 머리기사를 장식했다. 대도시의 신문마다 그의 업적과 함께 그의 이름을 연일 대서특필했다.

유카탄 반도에서 과학 탐사 활동을 벌이고 돌아온 그 교수는 고대 마야의 금성력(Venus calendar)에 얽힌 비밀을 풀었다. 그는 마야인이 시간의 흐름을 계산했던 방법을 둘러싸고 제기되어온 수수께끼의 실마리를 찾아냈다. 알려진 천문학 사실을 토대로 마야인의 천체 사건 기록을 확인한 결과 그는 이 중앙아메리카 부족의 시간 단위와 기원전 6세기의 금성의 위치가 서로 정확히 맞물려 있다는 사실을 발견했다. 이로써 25세기 전 서반구에서 번성했던 문명이 그 동안 현대 세계의 인정을 받지 못하다 비로소 그 실체를 드러냈다.

돌이켜보면 대중 언론에서 교수의 발견을 자세히 다루게 된 계기 또한 관심의 문제다.…… 그가 자신의 생각에만 머물렀다면 몇몇 학술지를 제외하고는 언론의 주목을 받지 못했을 테고, 학술지에 실린 그의 말은 마치 마야의 상형문자로 기록되기라도 한 듯 보통 사람에게는 해독 불가능했을 것이다.

고대인의 이러한 메시지가 널리 알려지게 된 데에는 제임스 W. D. 시모어(James W. D. Seymour)라는 젊은이의 공이 크다.

머릴은 또 이렇게 덧붙인다.

미국에서 가장 오래되고 가장 권위 있는 대학에서 철도 회사나 동호 단체, 영화사, 정당처럼 홍보 담당을 기용하고 있다는 소리를 듣는다면 몇몇 사람들은 깜짝 놀랄지도 모른다. 하지만 이는 사실이다.……

이 나라에서 이사회와 교수단의 승인 아래 홍보 사무실을 운영하지 않는 대학이나 대학교는 거의 찾아볼 수 없다. 실장과 조수들로 꾸려진 이 사무실의 목적은 신문과 우호적인 관계를 구축하고, 신문을 통해 대중과도 우호적인 관계를 구축하는 데 있다.……

이러한 적극성은 전통과 첨예하게 대립을 이룬다. 역사가 오래된 대학일수록 최근 들어 이와 같은 혁신의 바람이 불고 있다. 혁신의 바람은 기존 학술 단체의 기본 신조를 뒤흔든다. 한때는 은둔자처럼 세상과 등지고 살아가는 것이 학자의 기본 덕목으로 여겨졌다. 대학은 세상과 일정 정도 거리를 두고 초연함을 유지하고자 애썼다.……

한때 대학은 내부의 일에 외부인이 관심을 보이는 것을 싫어했다. 졸업식 행사의 경우에는 마지못해 선심이라도 쓰듯 신문 기자의 취재를 허용했지만 그 외에는 어림도 없었다.……

오늘날 신문 기자가 하버드 대학교 교수와 인터뷰를 하고자 한다면 대학교 홍보실장에게 전화를 걸어 문의하면 된다. 공식적으로 하버드 대학교는 아직까지 '홍보실장'이라는 직함을 두지 않고 있다. 하지만 비공식적으로는 홍보 업무를 전담하는 비서를 두고 있다. 그는 오늘날 하버드 대학교에서 중요한 임직원에 속한다.

대학교 총장이 자신이 대표로 있는 교육 기관이 대중의 마음에 어떤 모습으로 비칠지를 걱정한다는 생각은 언뜻 낯설 수도 있다. 하지만 자신의 대학교가 지역 사회뿐만 아니라 지역 사회 주민들의 마음속에서 적절한 위치를 차지하고, 문화적 측면에서나 재정적 측면에서나 바람직한 결과를 달성하도록 하는 것이 총장의 업무 가운데 하나다.

대학이 스스로 목표한 인상을 구축하는 데 실패했다면 그 이유는 다음 두 가지 중 하나일 가능성이 높다. 즉 대중과의 의사소통 수단이 잘못됐거나, 대학이 방향을 잃은 채 갈팡질팡하고 있기 때문일 수 있다. 대중이 대학에 대해 갈수록 왜곡된 인상을 발전시킨다면 그러한 인상을 바꾸어야 한다. 또는 대중이 에누리 없이 정확한 인상을 가지고 있을 수도 있는데, 이 경우에는 대학 자체의 활동 방향을 바꾸어야 한다. 두 가지 모두 PR 고문의 업무에 해당한다.

최근 들어 컬럼비아 대학교는 이탈리아 정부 대표가 참석한 가운데 이탈리아연구소(Casa Italiana) 개소식을 엄숙하게 거행해 앞으로 라틴어 연구와 로망스어(포르투갈어·스페인어·프랑스어·이탈리아어·루마니아어 등 라틴어에서 유래한 언어. 옮긴이) 연구에서 차지하게 될 이 연구소의 높은 비중을 강조했다. 몇 년 전 하버드 대학교는 게르만박물관(Germanic Museum)을 설립했는데, 프로이센의 알베르트 빌헬름 하인리히(Albert Wilhelm Heinrich) 왕자가 개관식에 참석해 자리를 빛냈다.

많은 대학이 자신의 성과를 좀더 많은 대중에게 알리기 위해 공개 강좌를 개설하고 있다. 물론 그러한 강좌는 일반 대중에게 개방되어야 마땅하다. 하지만 홍보의 관점에서 서툴게 기획될 경우, 즉 지나치게 현학적이라 대중의 관심을 끌지 못할 경우에는 오히려 역효과를 낼 수 있다. 만약 그렇다면 PR 고문은 강좌의 인지도를 높이는 일에 매달리기보다 먼저 대학이 구축하고자 하는 인상에 부합하도록 강좌의 방향부터 수정해야 한다. 단, 이때 대학의 학문적 이상과 모순을 일으키지 않도록 주의해야 한다.

모 대학에서 이루어지는 연구 활동 중 80퍼센트가 대학원에 집중되어 있다는 중론도 같은 맥락에서 바라볼 수 있다. 그 때문에 대중의 관심이 대학에서 멀어진다는 견해가 있는데, 이는 사실일 수도 아닐 수도 있다. 만약 사실이 아니라면 학부생의 활동을 강조해 그러한 견해를 수정해야 한다.

반대로 대학의 활동 중 80퍼센트가 대학원에서 이루어지는 연구라는 말이 맞다면 그러한 사실을 최대한 활용해야 한다. 이 경우 총장은 대중의 관심을 끌 만한 연구 성과를 알리는 데 총력을 기울여야 한다. 성서에 나오는 유적지를 탐사하는 대학 원정대는 순수 학문만큼이나 주목을 받지 못할 수도 있지만, 성서의 일부 주장을 밝혀내는 데 기여한다면 그 즉시 대중의 관심을 불러일으킬 것이다. 동물학과의 경우에는 현재까지 알려진 바로 인간의 질병과 아무 관계가 없는 미지의 세균을 연구하고 있더라도 세균을 추적하고 있다는 사실만으로도 대중의 관심을 사로잡을 수 있다.

현재 많은 대학이 대중의 관심을 연구하는 데 기꺼이 교직원을 파견하고 있다. 예를 들어 코넬 대학교는 정부에 통계학자 월터 F. 윌콕스(Walter F. Willcox) 교수를 파견해 국세 조사 준비를 도왔다. 예일 대학교는 정부가 통화 문제에 대해 조언을 구할 때마다 경제학자 어빙 피셔(Irving Fisher) 교수를 파견해왔다.

윤리적인 측면에서 선전은 사업이나 정치에 대해서와 마찬가지로 교육과도 불가분의 관계를 맺는다. 물론 선전이 남용될 수도 있다. 예를 들어 대학을 과대광고해 대중의 마음에 인위적인 가치를 심는 데 선전이 사용될 수도 있다. 하지만 이러한 남용을 완전히 막을 수 있는 장치는 존재하지 않는다.

9장

선전과 사회사업
PROPAGANDA
IN SOCIAL SERVICE

결핵 퇴치를 위해 학생들을 가르치고 있는 전국결핵협회(National Tuberculosis Association) 회원들. 1924년.

PR 고문은 사회사업의 필수 요소다. 사회사업은 그 성격상 부유층의 자발적인 지원을 통해서만 이루어질 수 있기 때문에 선전을 끊임없이 활용해야 한다. 사회사업의 지도자들은 현대적 의미의 선선을 뚜렷한 의도를 가시고 최초로 활용한 축에 속한다.

인간의 습관을 바꾸려고 할 때 가장 큰 적은 타성이다. 문명은 타성의 지배를 받는다.

사회 관계, 경제, 국내 및 국제 정치를 대할 경우 우리는 끊임없이 과거의 태도를 되풀이하며 관습의 힘 아래서 그러한 태도를 강화한다. 앤서니 컴스톡(Anthony Comstock)은 조변석개하는

'도덕의 망토'를 존 섬너(John Sumner)의 어깨에 드리우고(뉴욕부 도덕검열협회 회장직 승계. 옮긴이), 보이에이스 펜로즈(Boies Penrose. 공화당 상원 의원으로 금주법과 여성참정권 등에 반대함. 옮긴이)는 버틀러 (Nicholas Murray Butler. 교육 개혁에 반대하며 전통을 중시한 교육자이자 노벨평화상 수상자. 옮긴이)에게, 앤드루 카네기(Andrew Carnegie)는 찰스 M. 슈워브(Charles M. Schwab)에게 드리운다(카네기스틸컴퍼니 사장직 승계). 이러한 과정은 끝없이 이어진다.

하지만 타성에 반대하는 운동으로 방향을 돌린 여론은 기존의 생각을 여과 없이 받아들이는 이러한 전통에 반기를 들고 있다. 과거에는 여론이 부족의 족장이나 왕, 종교 지도자에 의해 형성되거나 수정됐다. 오늘날에는 마음만 먹으면 누구나 여론을 주도할 수 있다. 누구나 다른 사람을 설득할 수 있으며, 자신의 주장을 펴기 위해 공직에 출마할 수 있다는 것이 민주주의가 내거는 강령 가운데 하나다.

새로운 생각, 새로운 선례가 체제 속에서 응당한 자리를 차지하려고 고군분투하고 있다.

사회의 안정, 결핵과 암을 퇴치하는 운동, 사회의 고질병과 불균형 제거에 목표를 둔 다양한 연구 활동 등 이타주의를 표방하는 수많은 활동이 소기의 성과를 거두려면 대중의 마음과 대중 심리에 대한 지식이 필요하다. 사회사업 분야의 홍보에 관한 자료가 너무 방대한 데다 홍보의 근간을 이루는 원칙 또한 너무

기본적이기 때문에 여기서는 한 가지 사례를 통해 사회사업의 선전 기술을 간략하게 살펴보는 것으로 만족할까 한다.

한 사회사업 단체가 메이슨딕슨선(Mason and Dixon line. 펜실베이니아·메릴랜드·버지니아 주의 경계선. 18세기에 영국 천문학자 찰스 메이슨(Charles Mason)과 제러마이어 딕슨(Jeremiah Dixon)이 식민지 경계 분쟁을 해결하려고 측량한 선. 19세기에는 노예가 있는 주와 없는 주의 경계선이 됐고 노예제가 폐지된 후에는 남부와 북부의 감정적 경계선이 됨. 옮긴이) 바로 밑에서 린치(lynch)와 흑인 차별주의에 맞서 싸웠다.

전국유색인지위향상협회(National Association for the Advancement of the Colored People)도 이 싸움에 동참했다. 이 협회는 그 해의 현안을 집중 토론하는 연간 회의에서 이 운동을 부각시키기로 결정했다.

그렇다면 회의는 동부, 서부, 남부, 북부 가운데 어디서 열리는 것이 가장 좋을까? 나라 전체에 영향을 미치는 것이 목적이라는 점을 고려할 때 전국 회의 개최지는 남부가 좋겠다는 조언이 나왔다. 이런 조언을 한 선전가는 그 이유로 남부 문제를 바라보는 관점이 남부 한복판에서 터져 나와 남부의 기존 관점과 충돌을 일으킬 경우 그러한 관점이 여타의 지역에서 나왔을 때보다 훨씬 더 큰 권위를 발휘할 수 있다는 점을 들었다. 그리하여 애틀랜타가 선정됐다.

세 번째 단계로 전국에 영향력을 행사하는 사람들로 회의장을 가득 메우는 작업이 진행됐다. 다양한 집단의 지도자들에게 지지를 요청했다. 종교, 정치, 사회, 교육계 지도자들에게 전보와 편지를 띄워 회의의 목적에 견해를 달라고 부탁했다. 하지만 전체 대중에게 회의의 목적을 알리려면 전국에 지지자를 거느린 이들 지도자 외에도 남부 지도자들, 심지어 애틀랜타를 움직이는 지도자들의 지지 견해를 확보하는 것이 기술적인 측면에서 중요했다. 애틀랜타에 접근 가능한 집단이 하나 있었다. 성직자 집단은 인종간 친선 도모를 위해 과감히 나섰다. 이 집단과 접촉한 결과 회의에 협조하겠다는 동의를 받아냈다.

행사는 예정대로 열렸다. 프로그램도 대체로 차질 없이 진행됐다. 남부의 흑인과 백인이 한자리에 모여 똑같은 견해를 피력했다.

극적인 요소가 여기저기서 부각됐다. 매사추세츠에서 온 한 국민적 지도자는 남부 출신의 한 침례교 설교자와 원칙 면에서나 실천 면에서나 뜻을 같이했다.

라디오 방송이 나갔다면 온 나라가 그 자리에서 이루어진 연설과 원칙 천명을 듣고 크게 감동했을 것이다.

그래도 대중은 전국의 신문을 통해 그 회의에서 오간 말과 생각을 읽었다. 그 이유는 행사가 전 국민의 관심을 불러일으킬 만큼, 심지어 남부에서도 지지를 얻을 만큼 중요한 요소에 근거해 기획됐기 때문이다.

남부 지역의 여론을 반영하는 이 지역 신문 사설은 회의가 논설위원들의 관심을 끌게 된 요인 중 하나로 남부 지도자들의 참석을 꼽았다.

회의 전야제는 그 자체로 가공할 무기로 기능함으로써 협회가 좀더 광범위한 층에 다가갈 수 있는 길을 열어주었다. 대중 가운데 특정 집단을 선별해 발송한 보고서, 편지, 기타 선전물은 홍보 효과를 드높였다.

실용적인 결과만 놓고 보면 수많은 남부 논설위원들의 마음에서 즉각 변화가 일었다. 그들은 이제 인종 문제를 감정의 차원에서만 바라볼 것이 아니라 진지하게 논의해야 한다는 데 주목했다. 이러한 시각은 곧바로 독자들에게 반영됐다. 이 밖에도 계산자로는 측정하기 힘든 성과들이 많다. 무엇보다도 회의는 흑인의 각성과 단결심을 일깨우는 데 크게 기여했다. 회의는 린치 감소에도 매우 큰 영향을 미친 듯하다.

많은 교회가 광고비를 들이면서 종교 활동의 일환으로 선전을 활용하고 있다. 예를 들어 교회 광고 위원회에선 소책자뿐만 아니라 신문과 광고 게시판까지 활용한다. 수많은 종파가 정기간행물을 발행한다. 감리교 출판 및 정보 위원회(Methodist Board of Publication and Information)는 신문과 잡지를 상대로 성명을 발표하기도 하고 회견 자리를 갖기도 한다.

하지만 넓은 의미에서 사회사업 활동은 선전 활동이라고 해도 과언이 아니다. 치아 보존 운동은 사람들의 습관을 이를 더 자주 닦는 쪽으로 바꾸는 데 목표를 둔다. 더 좋은 공원 확보 운동은 공원 시설 확충을 위해 세금을 많이 내더라도 괜찮다는 쪽으로 사람들의 의견을 돌려놓는 데 주력한다. 결핵 퇴치 운동은 모든 사람에게 결핵은 치료 가능하며, 일정한 징후가 보일 경우 곧바로 의사를 찾아가야 한다는 점을 납득시키려고 애쓴다. 영아 사망률을 낮추는 운동은 수유와 목욕 등 아기를 돌보는 것과 관련해 어머니의 습관을 바꾸는 데 초점을 맞춘다. 사실 사회사업은 여러 가지 면에서 선전과 동일하다.

　자선 단체를 통해 자발적으로 이루어지는 사회사업이 아니라 정부 주도로 이루어지는 사회사업의 경우에도 사업이 효과를 거두려면 현명한 선전이 필요하다. 해리 엘머 반스(Harry Elmer Barnes) 교수는 『펜실베이니아 근대 행형학의 전개(The Evolution of Modern Penology in Pennsylvania)』라는 저서에서 정치 세력이 펜실베이니아 주의 행형(行刑) 행정 발전을 가로막고 있다고 주장한다. 최선의 과학적 행형 정책을 시행하려면 입법부를 설득해야 하고, 그러려면 그 전에 여론을 일깨우는 작업이 선행되어야 한다. 다음은 반스 교수의 설명이다.

　"그와 같은 상황이 도래하기 전까지는 행형학의 발전이 산발적이고 국지적이며, 대체로 비능률적인 성격을 띨 수밖에 없다. 따라서 교도소 문제는 근본적으로 진지하고 과학적인 선전에서 해결책을 찾아야 할 듯하다."

당면한 문제와 관련해서든 요원한 문제와 관련해서든 사회가 발전하려면 진보적인 교육을 통해 대중을 각성시켜야 한다.

10장

예술과 과학
ART AND SCIENCE

대중을 위한 무료 공연 「빅토리 콘서트」를 알리는 메트로폴리탄 미술관의 포스터. 1930년대 말.

미국 대중의 예술 감상 능력을 신장하는 교육에서 선전은 중요한 역할을 담당한다. 미술관이 특정 화가의 작품 전시회를 열고자 할 경우 먼저 그 화가의 작품에 대한 대중의 호응부터 끌어내야 한다. 대중의 호응도를 높이려면 주도면밀한 신진 직업이 이루어져야 한다.

정치에서와 마찬가지로 예술에서도 소수가 지배하지만 자신의 근거지에 있는 대중을 만나러 나와야만, 다시 말해 대중의 심리를 분석해 이를 활용해야만 지배권을 행사할 수 있다.

응용 및 상업 예술 분야에서 선전은 예술가에게 그 어느 때보다도 큰 기회를 제공한다. 이는 대량 생산이 오로지 가격 경쟁에만 초점을 맞출 경우 막다른 골목에 처할 수밖에 없다는 사실에서 기인한다. 그 결과 다양한 분야에서 미적 가치를 기준으로 다양한 형태의 경쟁이 이루어진다. 수많은 유형의 기업이 미적 가치에 자본을 투자한다. 수많은 유형의 기업이 시장과 수익을 늘리기 위해 미적 감각에 자본을 투자한다. 바꾸어 말하면 예술가는 기업과 손잡고 일상용품에 추한 요소보다 아름다운 요소를 도입함으로써 대중의 취향을 끌어올리는 데 기여하는 한편, 나아가 명예와 돈을 거머쥘 수 있다.

선전이 무엇이 아름답고 무엇이 아름답지 못한지를 알리는 역할을 수행한다면, 기업은 이를 통해 미국 문화의 수준을 높이는 데 일조한다. 이 과정에서 선전은 취향과 견해를 널리 인정받는 지도자의 권위를 자연스레 활용하게 된다.

연상 가치와 극적인 사건 연출을 잘 배치할 경우 대중은 관심을 보이기 마련이다. 아무리 새로운 아이디어라 할지라도, 심지어 예술가가 보기에도 매우 전문적이고 추상적인 종류의 아름다움이라 할지라도 대중이 인정하고 받아들이는 가치와 결부시킨다면 대중에게 반드시 먹혀들게 되어 있다.

예를 들어 미국의 실크 제조업자는 시장 개발이 필요할 때면 파리로 날아가 영감을 얻는다. 파리는 미국 실크 산업에 미국 내에서 확고한 지위를 구축하는 데 도움이 되는 권위의 도장을 빌려주기 때문이다.

다음은 1925년 2월 15일자 《뉴욕 타임스》에서 발췌한 기사로, 이러한 사례를 자세히 다루고 있다.

1925년, 《뉴욕 타임스》 앞으로 타전된 특별 전문
파리, 2월 15일. 사상 처음으로 미국의 예술 작품이 루브르 박물관 장식예술관에 전시될 예정이다.
후원자 역할을 맡은 미술부 장관 폴 레옹(Paul Leon)의 참석이 확실시되는 가운데 5월 26일에 개막하게 될 이 전시회에는 사우스맨체스터와 뉴욕에 본거지를 둔 체니 브라더스(Cheney Brothers)의 실크 제품도 포함될 예정이다. 디자인은 철을 소재로 경이로운 예술 작품을 선보이며 현대의 조반니 벨리니(Giovanni Bellini, 르네상스 시대 이탈리아의 화가. 옮긴이)라는 찬사를 듣고 있는 프랑스의 유명한 철 예술가 에드가르 브랑(Edgar Brandt)의 아이디어를 뼈대로 삼았다.
브랑은 베르됭 전쟁기념관의 철문을 디자인하고 제작했다. 그는 미국의 산업 예술이 그 동안 거둔 성과를 프랑스에 소개할 이 전시회에 참석해 자리를 빛내달라는 요청을 숱하게 받아왔다.
에드가르 브랑의 작품에서 영감을 받은 30점의 디자인 작품이 2,500야드(약 2,300미터)에 달하는 날염 실크와 금·은사, 백여 가지 색깔의 벨벳을 통해 형상화되고 있다.……

'철 공예가의 작품을 인쇄하듯 그대로 찍어놓은' 이들 작품은 직물로서는 현대의 거장 브랑의 영향력을 보여주는 최초의 사례다. 체니 브라더스의 예술가들은 실크라는 직물의 놀라운 특성에 힘입어 철을 실크로 바꾸는, 거의 불가능해 보이는 임무에 성공했다. 덕분에 고딕식 창의 장식 격자를 특징으로 하는 브랑의 독특한 디자인 기조가 생생하게 살아 있다. 원래 작품의 힘과 광휘가 아름답고 따스한 색채를 통해 더욱 돋보인다.

행사가 끝나자마자 뉴욕, 시카고 등 대도시의 유명 백화점들이 이 전시회 유치에 발 벗고 나섰다. 그들은 파리가 인정한 아이디어에 따라 대중의 취향을 주조하고자 했다. 체니 브라더스의 실크 제품은 유명한 예술가의 작품과 세계 유수의 예술 박물관을 연상시킴으로써 대량으로 생산되는 제품이라는 한계에도 불구하고 대중으로부터 높은 평가를 받았다.

상업 제품은 거의 모두 이처럼 아름다운 디자인에 좌우된다고 말해도 과언이 아니다. 가구든, 옷이든, 전등이든, 포스터든, 라벨이든, 책 표지든, 수첩이든, 취향의 법칙에 민감하지 않은 욕조든 디자인의 영향을 받지 않는 일상용품은 거의 없다.

미국의 산업계는 선전을 통해 대중의 경제적 욕구뿐만 아니라 심미적 욕구까지 충족하는 쪽으로 바뀌고 있다. 제조업은 갈수록 아름다운 제품을 원하는 대중의 요구에 발맞추어야 한다는 경제적 필요에 부응하기 위해 변신을 꾀하고 있다.

한 피아노 제조 회사는 최근에 예술가들을 기용해 현대적 분위기가 물씬 나는 피아노 디자인을 맡겼다. 현대적인 분위기의 피아노에 대한 수요가 광범위하게 존재하기 때문에 그런 조치를 취한 것이 아니었다. 사실 피아노 회사는 디자인을 달리한 피아노를 몇 대 팔지 못할 것이라고 예상했을지도 모른다. 하지만 피아노에 대한 관심을 고조하려면 피아노만으로는 부족하다. 사람들은 다과회에서 여간해서는 피아노를 화제에 올리지 않지만 새로 나온 최신식 피아노라면 얘기가 달라질 수도 있다.

3년 전 허버트 후버 상무부 장관은 파리장식예술전(Exposition des Arts Decoratifs) 조직위원직을 촉탁받고 흔쾌히 수락했다. 나도 위원회 부위원장 자격으로 산업 예술 분야의 재계 인사들을 선별해 파리에 가서 전람회를 둘러보고 보고서를 작성할 사절단을 꾸리는 일을 도왔다. 위원회의 목적과 목표에 맞추어 전개된 선전은 산업 속의 예술에 대한 미국인의 태도에 의심의 여지없이 광범위한 영향을 미쳤다. 현대 예술 운동이 산업의 전 분야를 파고든 것은 그러고 나서 불과 몇 년 후였다.

백화점이 가장 먼저 앞장섰다. R. H. 메이시 & 컴퍼니(R. H. Macy and Company)는 메트로폴리탄 미술관(Metropolitan Museum of Art)과 연계해 생활예술전시회(Art-in-Trades

Exposition)를 열었고, 로드 & 테일러(Lord & Taylor)는 외국 작가들을 초빙해 현대미술전(Modern Arts Exposition)을 후원했다. 대중의 생활과 밀접한 관계를 맺고 있는 이들 백화점이 전시회라는 선전 기능을 통해 대중에게 양질의 예술을 소개한 이유는 그것이 백화점 산업의 이해와 맞아떨어졌기 때문이다. 마찬가지로 미술관도 예술에 대한 감식안을 끌어올리려는 백화점을 활용할 경우 대중의 마음에 다가갈 수 있다는 점에 주목했다.

예술 기관 중에서도 미술관은 효과적인 선전의 부재로 인해 가장 큰 고초를 겪는다. 모름지기 미술관은 지역 사회의 예술 생활에서 지도자이자 교사의 역할을 수행해야 하는데도 오늘날의 미술관은 대부분 음침한 곳 아니면 성스러운 장소라는 평판을 얻고 있다. 미술관은 삶과 거의 동떨어져 있다고 해도 과언이 아니다.

미술관의 아름다운 보물들은 대중에게 소개되어야 하며, 그러기 위해선 선전가가 필요하다. 브롱크스의 아파트에 사는 주부는 메트로폴리탄 미술관에 있는 고대 그리스의 꽃병에 십중팔구 아무런 흥미도 느끼지 못한다. 하지만 도자기 회사에서 근무하는 예술가는 이 꽃병의 디자인을 도자기 세트에 응용할 수 있다. 대량 생산을 통해 값싸게 팔리는 이 도자기 세트는 앞서 말한 브롱크스의 아파트로 길을 잡을 수도 있다. 그럴 경우 그 아파트 주부는 도자기의 섬세한 선과 색채를 통해 은연중에 미에 대한 감식안을 기를 수도 있다.

미국의 몇몇 미술관은 이러한 책임을 통감한다. 뉴욕의 메트로폴리탄 미술관은 1926년 한 해에만 125만 명에 달하는 관람객이 다녀간 것을 자랑스럽게 여긴다. 이는 미술관의 다양한 구역에서 전시되고 있는 문명의 유산을 부각하는 노력 외에도 특별 강연과 설명회를 기획하고, 외부에서 판화나 사진, 환등 슬라이드를 빌려와 전시회를 여는 등 다각도로 공을 들인 결과다. 이 밖에도 응용 예술 분야의 기업에 편의를 제공하는 한편, 외부 강사를 초빙해 미술관 강당에서 강연회를 열기도 하고, 또 반대로 외부 단체에 직원들을 강사로 파견하기도 한다. 그런가 하면 데이비드 맨스(David Mannes)가 지휘하는 무료 실내악 연주회를 무대에 올려 미술관이 아름다움의 본고장이라는 인상을 강화하기도 한다. 하지만 이것이 문제 해결책의 전부는 아니다.

사람들을 미술관으로 불러들이는 것만이 능사가 아니다. 미술관과 미술관이 소장하고 있는 예술 작품도 사람들 곁으로 다가가야 한다.

미술관의 성공은 단순히 관람객의 숫자로 평가돼서는 안 된다. 미술관의 기능은 관람객을 받는 데 그치는 것이 아니라, 미술관이 속한 지역 사회에 미술관 자체와 미술관이 상징하는 의미를 투사하는 데 있다.

미술관이 지역 사회에 아름다움의 기준으로 우뚝 서려면 현명한 선전의 도움을 받아 이웃 모두의 일상으로 파고들어야 한다. 산하에 예술 위원회를 설립해 실내 장식, 건축, 상업 제품에 기준을 제시하는 미술관은 어째서 없는 것일까? 응용 예술을 위한 연구 위원회를 운영하는 미술관이 있다는 소리도 들어본 적이 없기는 마찬가지다. 소장하고 있는 예술 작품을 단순히 보존하는 기능에 머물기보다 일반 대중이 이해할 수 있도록 그 의미를 쉽게 풀어 설명해주는 미술관은 왜 없는 것일까?

최근에 미국의 한 대도시에 있는 미술관이 펴낸 연간 보고서에는 이런 내용이 적혀 있다.

"우리와 같은 미술관의 기본적인 특징은 한마디로 보수주의라고 정의할 수 있다. 어쨌든 미술관의 첫 번째 임무는 예술과 과학 분야에서 인간이 거둔 위대한 성과를 보존하는 데 있기 때문이다."

과연 그럴까? 미술관이 소장하고 있는 예술 작품을 해석하는 임무는 중요하지 않단 말인가?

미술관의 기능이 원활하게 돌아가려면 자신이 속한 지역 사회에 자신의 메시지를 가장 잘 전달할 수 있는 방법을 연구해야 한다. 그리고 그러한 연구 결과를 바탕으로 아름다움을 선도하는 기관으로 자리잡아야 한다.

예술에서와 마찬가지로 과학에도 순수 과학과 응용 과학이 있다. 예전에 순수 과학은 학술 단체와 과학자 협회의 보호와 육성을 받았다. 현재 순수 과학은 산업에서도 지원과 격려를 받는다. 추상적인 연구가 이루어지고 있는 연구소 가운데 상당수가 황금알을 낳는 발명품이나 그러한 발명품이 나올 수 있는 발견에 몇십만 달러도 기꺼이 쏟아부을 대기업과 연결되어 있다.

물론 그와 같은 발명품이 나오면 대기업은 막대한 이익을 얻는다. 하지만 그와 동시에 대기업은 새로운 발명품을 공익에 사용해야 하는 책임도 진다.

기업은 학교, 대학, 대학원에 우리 시대의 과학 발전에 대한 정확한 사실을 전달할 수 있다. 기업은 그럴 능력이 있을 뿐만 아니라 마땅히 그래야 한다. 상업 경쟁 수단으로서의 선전은 발명가에게 기회를 열어줄 뿐만 아니라 실험실의 과학자에게도 커다란 동기를 부여한다. 최근 5년에서 10년 사이에 일부 대기업은 과학계 전체가 엄청난 충격을 받을 만큼 눈부신 성공을 이루었다. AT & T(American Telephone and Telegraph Company), 웨스턴 일렉트릭 컴퍼니(Western Electric Company), 제너럴 일렉트릭, 웨스팅하우스 일렉트릭 컴퍼니(Westinghouse Electric Company)와 같은 대기업은 과학 연구의 중요성에 일찌감치 눈을 떴다. 이들 대기업은 100퍼센트 성공을 거두려면 자신의 생각을 대중에게 이해시켜야 한다는 점 또한 파악했다. 그 결과 텔레비전, 방송, 확성기가 선전 지원군으로 활용되고 있다.

연구실 앞에서 자신의 발명품 "에디슨 녹음기"를 사업가 브래튼(A. A. Bratton)에게 시연해 보이는 에디슨(1847~1931). 1926년 브래튼은 이 녹음기를 에디폰(Ediphone)이라는 상표로 상용화에 성공했다. 1921년.

선전은 새로운 발명품을 판촉하는 데에도 기여한다. 선전은 새로운 과학 개념과 발명을 대중에게 반복해서 해석해 선보이는 방법으로 대중의 호응도를 높여왔다. 대중은 선전을 통해 변화와 진보에 길들여지고 있다.

11장

선전의 원리
THE MECHANICS OF PROPAGANDA

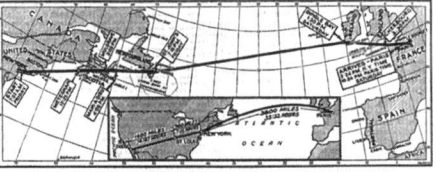

1927년 5월 22일자 《뉴욕 타임스》 1면에 실린 찰스 A. 린드버그(Charles A. Lindbergh, 1902~1974). 그는 1927년 5월 20~21일 최초로 뉴욕에서 파리까지 대서양 횡단 무착륙 단독 비행에 성공했다. 이 사건 덕분에 관련된 여러 기관, 기업, 인물 들이 엄청난 선전 효과를 거뒀다.

선전가가 선전을 통해 대중에게 메시지를 전달하는 수단에는 오늘날 사람들이 서로 생각을 주고받는 수단이 모두 포함된다. 인간의 의사소통 수단은 모두 선전 수단이 될 수 있다. 선전은 개인과 집단 사이에 상호 이해의 나리를 놓는 활동이기 때문이다.

다양한 선전 도구의 상대적 가치와, 그러한 도구가 대중과 맺는 관계는 끊임없이 변화한다. 선전가는 이 점을 늘 고려해야 한다. 염두에 두고 있는 메시지를 제대로 전달하려면 선전가는 시시각각 발생하는 가치의 이러한 변화를 최대한 활용해야 한다. 50년 전에는 대중 집회가 대표적인 선전 도구였다. 반면 오늘날에는 프로그램이 굉장한 흡인력을 발휘하지 않는 이상 대중 집회를 통해 한 줌의 사람들을 끌어모으기도 힘들다. 자동차는 사람들을 집에서 멀리 떨어진 곳으로 데려가고, 라디오는 사람들을 집 안에 묶어둔다. 일간 신문은 사무실이나 지하철에서 사람들에게 매일 정보를 배달한다. 게다가 사람들은 대중 집회의 과대선전에 염증을 낸다.

대신 다른 형태의 의사소통 수단이 무수히 존재한다. 더러는 새롭고, 더러는 기존부터 있었던 매체지만 그 경우에도 너무나 달라져 사실상 완전히 새로워졌다고 해도 과언이 아니다. 물론 그 가운데서도 신문은 견해와 생각을 전달하는 데에, 다시 말해 선전에 늘 주요한 매체로 군림해왔다.

몇 해 전만 해도 신문 편집인은 '선전 목적에 사용되는 신문 지면'이라는 말에 분개했다. 몇몇 편집인은 아무리 내용이 좋아도 기사가 나갈 경우 덕을 보는 사람이 있다고 판단되면 그 기사를 아예 삭제해버리기까지 했다. 이러한 관점은 크게 바뀌지 않았다. 오늘날 일류 신문사 편집 위원들은 신문사로 쇄도하는 사건을 기사로 내보낼지 말지를 결정하는 기준은 뉴스로서의 가치라고 생각한다. 신문은 기사 내용이 누군가의 이해에 도움이 되는 일이 없도록 책임을 질 수도 없거니와, 그런 책임을 지는 것이 신문의 기능도 아니다. 신문에 게재되는 기사는 누군가에게 이익이 되거나 손해를 미칠 가능성이 늘 존재한다. 이것이 신문의 속성이다. 신문이 추구하는 것은 기사가 정확해야 하고

(많고 많은 뉴스 소재 중에서 선별해야 하기 때문에) 독자들이 보기에 흥미롭고 중요해야 한다는 점이다.

사설은 개별 신문사의 시각에서 사건을 논평한다는 점에서 해당 신문사의 개성을 반영한다. 하지만 일반 기사의 경우에는 대개 그 날의 사건과 견해 중에서 독자의 흥미를 끌 만한 내용을 다룬다.

기사 소재에 선전의 의도가 숨어 있느냐 없느냐는 중요하지 않다. 중요한 것은 뉴스로서의 가치다. 기사 소재를 취사 선택하는 과정에서 편집인은 보통 누구의 간섭도 받지 않는다. 예를 들어 《뉴욕 타임스》의 경우 뉴스로서의 가치를 기준으로 기사를 선별한다. 그 외 다른 이유는 없다. 《뉴욕 타임스》의 편집 위원들은 완전히 독립적인 상태에서 무엇이 뉴스이고 아닌지를 결정한다. 그들은 검열을 용인하지 않는다. 그들은 어떠한 외부 압력에도 흔들리지 않으며, 편의주의나 기회주의에 편승하지도 않는다. 의식 있는 신문 편집인은 내중에 대한 자신의 의무는 뉴스라는 점을 늘 명심한다. 의미 있는 사실은 곧 뉴스가 된다.

PR 고문이 어떤 생각에 생기를 불어넣어 다른 생각과 사건들 틈에서 제 몫을 차지하게 할 수 있다면 그 생각은 당연히 대중의 관심을 받게 된다. 이를 두고 '뉴스를 근원에서부터 오염시킨다'고 말하면 곤란하다. PR 고문은 편집인의 사무실에서 다른 사건들과 경쟁해야 하는 그 날의 사건 가운데 일부를 연출할 뿐이다.

그가 연출하는 사건들은 신문 독자들에게 특히 반응이 좋을 때가 많다. 그는 그러한 대중을 염두에 두고 사건을 연출한다.

오늘날 삶에서 중요한 것들은 모두 뉴스가 된다. 예를 들어 민간 전화 회사가 대서양을 횡단하는 무선 전화 개통에 성공했다거나, 상업화할 경우 엄청난 수익을 안겨줄 발명품이 나왔다거나, 포드 사가 신기원을 이룰 만한 신차를 개발했다는 소식은 당연히 뉴스로서 가치가 높다. 그런 가운데 선전이 전국의 신문사 사무실로 흘러든다면 단지 편집 위원의 마음에 따라 곧장 휴지통으로 직행할 수도 있다.

편집인에게 뉴스를 제공할 때는 출처를 분명히 밝혀야 하고, 사실을 정확히 전달해야 한다.

선전가의 관점에서 볼 때 현재의 잡지 상황은 일간 신문의 상황과 다르다. 잡지는 신문처럼 최근 뉴스를 반영해야 한다는 의무를 지지 않는다. 잡지도 지속적인 정책에 근거해 기사 소재를 신중하게 선택한다. 하지만 신문과 달리 잡지는 여론 기구라기보다 살림 비법, 멋진 옷, 아름다운 실내 장식, 여론 전달, 대중계몽, 진보주의, 오락 등 무엇을 다루든 특정 생각을 보급하는 선전 기구로 변모하는 경향이 있다. 건강을 파는 것이 목적인 잡지가 있는가 하면 영국식 정원이나 남성복, 니체의 철학을 파는 것이 목적인 잡지도 있다.

저마다 다양한 내용을 다루며 특화되어 있는 잡지 분야에서

PR 고문은 중요한 역할을 담당할 수도 있다. 의뢰인의 이익을 위해 잡지를 도와 잡지의 선전 효과를 높이는 행사를 연출할 수 있기 때문이다. 예를 들어 여성 창구의 중요성을 부각시킬 필요가 있는 은행이 일류 여성 잡지에 이 창구를 책임지고 있는 여성 전문가의 투자 관련 조언을 기사로 제공한다고 가정해보자. 이 경우 여성 잡지 입장에서는 이 새로운 기사를 잡지 이름을 더욱 널리 알리고 구독자를 늘리는 수단으로 활용할 수 있다.

한때 여론에 영향을 미치는 강력한 수단이었던 강연은 그 가치가 달라졌다. 강연 자체는 상징이나 형식에 불과할 수도 있다. 선전의 목적에 비추어 강연의 중요성은 파급력에 있다. 아무개 교수가 '신기원을 이루는 발명'이라는 주제로 500명 또는 겨우 50명을 상대로 강연을 한다고 가정해보자. 그의 강연이 중요하다면 방송에서도 다룰 테고, 신문에도 보도될 것이다. 그렇게 되면 여기저기서 그의 강연이 사람들 입에 오르내리게 될 것이다. 선전의 관점에서 볼 때 강연의 진정한 가치는 일반 대중에게 미치는 영향력에 있다.

현재 라디오는 선전가의 매우 중요한 도구 가운데 하나다. 하지만 라디오가 선전 도구로서 앞으로 얼마나 더 발전할지는 미지수다.

라디오는 광고 매체로서 신문과 경쟁을 벌일 수도 있다. 동시에 수백만 명에게 다가갈 수 있는 라디오의 능력은 당연히 광고

주의 구미를 당긴다. 게다가 광고주는 대개 광고료로 지출할 수 있는 돈이 한정되어 있기 때문에 신문 광고료가 라디오 광고료로 빠져나갈 확률이 높다.

그렇다면 신문 발행인은 이 새로운 현상을 어느 정도나 실감하고 있을까? 그 여파는 곧 미국의 신문·잡지계와 출판계에 닥칠 전망이다. 일찌감치 신문은 회사 규모에 상관없이 라디오 부품을 제조하는 업체와 라디오를 판매하는 업체가 지니는 광고주로서의 가능성에 주목했다. 아울러 라디오에 대한 대중의 관심이 증가함에 따라 뉴스와 특집 기사를 통해 라디오의 중요성을 인정해왔다. 그런가 하면 몇몇 신문은 라디오 방송국을 인수해 뉴스와 오락 보급 시설과 연계시킴으로써 방송을 통해 이 두 가지 요소를 대중에게 제공하고 있기도 하다.

앞으로 신문 체인은 방송과 지면 양쪽에서 광고 공간을 팔 가능성이 높다. 다시 말해 신문 체인은 신문 구독자 숫자와 라디오 청취자 숫자를 가지고 광고주와 계약에 나설 확률이 높다. 현재 신문은 방송과 지면 양쪽의 공간을 팔고 있지만 그렇더라도 이 둘을 별개의 사업으로 간주한다.

정치 단체, 인종 단체, 종교 단체, 경제 단체, 전문 직업인 단체 등 대규모 집단은 너나 할 것 없이 자신들의 견해를 널리 알리기 위해 라디오 방송국을 선점하려 들고 있다. 미국 또한 광고주가 아니라 청취자가 돈을 내는 영국의 제도를 채택할 수도 있을까?

현재의 제도가 바뀌든 바뀌지 않든 광고주, 즉 선전가는 변화하는 상황에 적응해야 한다. 앞으로 공개리에 입찰되는 방송 공간 자체가 됐든, 일반인 대상의 오락과 뉴스 또는 특정 집단을 겨냥한 특수한 프로그램의 형태가 됐든 선전가는 상황에 적응하고 나아가 상황을 활용할 준비를 늘 하고 있어야 한다.

미국의 영화 산업은 오늘날 전 세계를 통틀어 가장 규모가 큰 선전 배급책이다. 의식하지 못하는 사이에 생각과 견해를 확산하는 데 영화만큼 효과가 높은 도구는 없다.

영화는 한 나라의 견해와 습관을 표준화할 수 있다. 시장의 요구에 맞출 필요가 없기 때문에 영화는 새로운 생각과 견해를 북돋우기보다 광범위한 대중의 경향을 반영하고, 강조하고, 심지어 과장하기까지 한다. 영화는 유행하고 있는 생각과 사실을 활용할 뿐이다. 신문이 뉴스를 조달하는 데 역점을 둔다면, 영화는 오락을 조달하는 데 초점을 맞춘다.

선전의 또 다른 도구는 인물이다. 인물을 잘 활용할 경우 그 효과는 엄청나다. 캘빈 쿨리지 대통령이 휴가 때 인디언 복장을 하고 인디언 추장들과 함께 찍은 사진은 그렇지 않아도 취재 열기가 뜨거웠던 대통령 휴가의 클라이맥스를 이루었다. 물론 공인을 유명하게 만든 장치를 잘못 활용할 경우 그 인물이 웃음거리가 될 수도 있다.

인디언 수(Sioux)족의 장식 의상을 걸치고 있는 캘빈 쿨리지 대통령(왼쪽). 1927년.

하지만 인물의 장점을 선명하게 부각시키는 것은 예나 지금이나 PR 고문의 역할 가운데 하나다. 본능적으로 대중은 그 자체로 단체나 기업을 대표하는 인물을 원한다.

어느 대형 금융 회사 사장이 부사장을 이혼했다는 이유로 해고했다는 이야기가 있다.

"하지만 내 사생활이 금융 업무와 무슨 상관이 있단 말입니까?" 부사장이 물었다.

"마누라 하나 관리하지 못하는 사람에게 고객들이 뭘 믿고 돈 관리를 맡기겠나." 사장의 대답이었다.

선전가는 자신의 영역 안에 있는 여타의 객관적인 사실을 다루듯 인물을 다루어야 한다.

인물은 상황을 만들기도 한다. 예를 들어 찰스 린드버그(Charles Lindbergh)는 미국과 멕시코 사이에 친선의 가교를 놓았다(그는 멕시코 주재 미국 대사의 딸이자 자신의 아내인 앤 모로(Anne Morrow)를 멕시코에서 만났다. 옮긴이). 그런가 하면 사건이 인물을 만들기도 한다. 예를 들어 쿠바에서의 전쟁은 시어도어 루스벨트(Theodore Roosevelt)를 정계 거물로 부상시켰다(그는 쿠바 남부 해안에서 스페인과 싸워 대승함으로써 국민적 영웅이 됐으며 나중에 대통령이 됐다. 옮긴이). 하지만 많은 경우 어느 쪽이 어느 쪽을 만든다고 잘라 말하기는 어렵다. 달성하고자 하는 목표를 정했으면 공인은 스스로를 객관적으로 평가하면서 자신의 실제 성격과 목표와 일치하는 모습을 밖으로 내보여야 한다.

대중의 마음에 다가갈 수 있는 방법은 무수히 많다. 그 중에 더러는 옛날 방식도 있고, 더러는 텔레비전처럼 새로운 방식도 있다. 여기서 그 모두를 일일이 설명할 수는 없지만 몇 가지 예를 통해 간단히 살펴보고자 한다.

학교가 주체가 돼서 과학적 사실에 관한 정보를 보급한다고 가정해보자. 그러한 주제가 일부 학생들의 공부에 도움이 된다면, 그 활동을 널리 알려 결국 상업적으로 이익을 얻는다 해도 그와 같은 정보 보급을 비난하는 사람은 아마 없을 것이다. 반면 제빵 회사가 빵이 만들어지는 과정을 보여주기 위해 한 학교에 사진과 도표를 기증한다고 가정해보자. 자료가 정확하고 공평하더라도, 또 학교 당국이 교육 효과를 신중하게 고려해 그러한 제안을 받아들이거나 거부한다 해도 이와 같은 선전 활동은 비난을 살 소지가 크다.

천 마일(약 1,600킬로미터) 떨어진 곳에서 이루어지는 행진을 찍은 동영상을 통해 신제품을 대중에게 알릴 수도 있다. 소형 비행기를 새로 출시한 제조업자는 라디오와 텔레비전에 직접 출연해 백만 가구에 대고 신제품을 설명할 수도 있다. 메시지를 대중에게 효과적으로 전달하려면 발 빠르게 움직이면서 모든 선전 수단을 빠짐없이 활용해야 한다.

대중은 자신의 견해와 습관을 형성하는 데 사용되고 있는 방법들의 실체를 갈수록 꿰뚫어보고 있다. 자신의 생활이 전개되는 과정에 대해 많이 알면 알수록 대중은 자신의 이해에 부합하는 합리적인 광고를 훨씬 더 쉽게 받아들일 것이다. 대중이 광고 방법에 대해 아무리 까다롭고 냉소적으로 나온다 할지라도 결국에는 반응하게 되어 있다. 대중은 늘 음식을 필요로 하고, 오락을 갈구하고, 아름다움을 동경하고, 지도자를 따르기 때문이다.

대중이 자신의 경제적인 수요에 대해 더 많이 알게 된다면 기업은 새로운 기준에 맞추어야 한다. 대중이 자신을 설득해 생각이나 상품을 구입하도록 하기 위해 사용되는 낡은 방법에 싫증을 낸다면 대중을 이끄는 지도자들은 더욱 현명하게 호소력을 발휘해야 한다.

선전은 절대 사라지지 않는다. 현명한 사람일수록 선전은 생산적인 목표를 달성하고 무질서를 바로잡는 데 필요한 현대적 도구라는 점을 직시한다.

에드워드 버네이스. 1960년.

저자에 대하여

에드워드 버네이스(Edward Louis Bernays)는 1891년 11월 22일 오스트리아 빈에서 1남 2녀 중 막내로 출생했으며, 심리학자 지크문트 프로이트(Sigmund Freud)의 조카(친조카 겸 처조카)이다. 곡물상으로 성공한 아버지 일라이 버네이스(Ely Bernays)는 프로이트의 아내인 마사 버네이스(Martha Bernays)의 오빠이고, 어머니 안나 프로이트(Anna Freud)는 프로이트의 여동생이다. 한 살 때 가족과 함께 미국 뉴욕으로 건너갔으며, 아버지의 뜻에 따라 코넬 대학교에서 농학을 전공했다.

1912년 2월 대학을 졸업하고 뉴욕시상품거래소에서 곡물 유통 업무를 하다가 그만두고 같은 해 12월 친구의 의학 잡지사에 들어갔다. 이듬해 당시 사회적 금기로 여겨지던 성병을 다룬 프랑스 극작가 외젠 브리외의 희곡 「손상된 제품(Damaged Goods)」에 대한 어느 의사의 논평을 잡지에 게재했다. 그리고 이 희곡의 브로드웨이 연극 공연을 성사시키기 위해 사회지도층과 유명 인사를 대상으로 대대적인 홍보(PR) 작업을 진행하여 큰 성공을 거두었다. 이를 계기로 홍보 분야에 뛰어들어 언론대행인(press agent)으로서 1914년 연극 「키다리 아저씨(Daddy Long Legs)」, 1915~16년 발레가 인기 없는 미국에서 러시아 발레단의 초연, 1917년 이탈리아 성악가 엔리코 카루소(Enrico Caruso)의 미국 공연 등을 성공리에 이끌었다.

미국이 제1차 세계대전에 참전하기로 결정한 1917년 4월 이후에는 육군에 지원했다가 평발과 시력 문제로 거부당했다. 그래서 각종 전쟁 지원 업무를 자발적으로 수행하다가 1918년 연방공보위원회(CPI)에 발탁되어 독일 등에 맞서 선전 전략가로서 발군의 기량을 선보였다. 연방공보위원회에서 일하던 중 체코 공화국 민족주의 지도자 토마시 가리구에 마사리크(Tomáš Garrigue Masaryk)를 만난 적이 있는데, 그때 마사리크는 체코슬로바키아의 독립 선포를 토요일에 할 예정이라고 말했다. 그러자 버네이스는 그에게 독립을 일요일에 선포해 월요일 신문에 크게 알려지도록 하라고 조언했다. 그래서 체코슬로바키아의 독립일은 예정보다 하루 늦어진 1918년 10월 28일이 됐다.

제1차 세계대전이 끝나자 1919년 뉴욕에서 최초로 'PR 고문(Public Relations Counsel)'이라는 직함을 달고 PR 전문 사무실을 열었다. 《뉴욕 트리뷴(New York Tribune)》, 《선데이(Sunday)》출신 언론인이자 청소년 시절부터 친구인 도리스 E. 플레이시맨(Doris E. Fleischman)이 직원으로 합류해 평생을 함께 일했다. 같은 해 연말에 삼촌 프로이트에게 시가 한 상자를 선물했다가 답례로 받은 『정신분석학 강의 입문』의 번역 작업을 시작해 이듬해에 영어판을 출간함으로써 프로이트로부터 신망을 받고 계속 교류했다. 이후 버네이스는 귀스타브 르봉(Gustave Le Bon)과 윌프레드 트로터(Wilfred Trotter)의 대중심리학에 프로이트의 정신분석학을 결합시켜 최초로 선전과 홍보에 이용하면서 홍보를 과학으로, 산업으로 정립했다. 또한 그는 P. T. 바넘(P. T. Barnum)과 이반 파블로프(Ivan Petrovich Pavlov)의 영향도 많이 받았다.

1920년대 초에 머리망(hairnet) 제조회사인 베니다 헤어넷(Venida Hair Net)의 판촉 의뢰를 받아 여성 노동사들의 길게 풀어헤친 머리카락이 위험하다는 사실을 선전하며 헤어스타일의 유행 변화를 유도했다. 그 결과 미국의 몇몇 주에서 공장과 식품업에 종사하는 여성 노동자들은 반드시 머리망을 착용해야 한다는 법률을 통과시켰고 여성들은 유행 변화에 따라 길게 기르는 머리카락을 관리하기 위해 머리망을 구입했다.

1922년에는 도리스 E. 플레이시맨과 결혼했는데, 그는 자신에게 홍보를 의뢰한 월도프 애스토리아 호텔(Waldorf-Astoria Hotel)의 숙박부에 아내의 성명을 처녀 시절 성으로 기재하고 그곳에서 결혼식을 올림으로써 250여 개 신문에 '사상 처음으로 부인이 남편과 다른 원래 성(姓)으로 숙박 등록을 한 사례'로 대서특필됐다. 이것으로 도리스는 여권 운동의 새로운 상징이 됐다. 1923년에는 뉴욕 대학교에서 최초로 홍보(Public Relations)라는 교과과정을 가르쳤고 최초의 PR 전문서인 『여론 정제(Crystallizing Public Opinion)』를 출간했다.

1924년에는 프로터 & 갬블(Procter & Gamble, P&G)의 아이보리(Ivory)라는 비누의 판촉을 위해 전국비누조각경연대회를 개최했다. 이 행사는 대성공을 거뒀으며 이후 1961년까지 계속됐고 세계 여러 나라로 전파되기도 했다. 같은 해에 캘빈 쿨리지(Calvin Coolidge) 대통령의 재선을 돕기도 했다. 쿨리지 대통령은 1923년 워런 G. 하딩(Warren G. Harding) 대통령이 재임 중에 사망하자 부통령에서 대통령으로 올라선 뒤 1924년에 대선 후보로 다시 지명됐다. 홍보 의뢰를 받은 버네이스는 쿨리지의 까다롭고 차가운 이미지와 평판을 극적으로 바꾸어 무난히 당선될 수 있게 했다.

1925년에는 베이컨 제조회사인 비치너트 패킹 컴퍼니(Beech-Nut Packing Company)의 요청으로 베이컨 매출을 늘리기 위해 미국인들의 주된 아침식사 메뉴를 주스, 토스트, 커피 등에서 베이컨과 달걀로 바꿔버렸다. 1928년에는 아메리칸 토바코 컴퍼니(American Tobacco Company)의 러키 스트라이크(Lucky Strike)라는 담배의 홍보를 의뢰받아 수년간 여성들에게 흡연을 '자유의 횃불'이라는 여권 신장의 상징으로 각인시킴으로써 여성 흡연율을 몇 배로 높이고 담배 시장을 크게 확대했다. 뿐만 아니라 여성들의 의상과 잘 어울리지 않는 녹색 담배갑을 고수하는 이 담배 회사를 위해 패션의 흐름을 아예 녹색으로 바꾸기도 했다. 하지만 그 자신은 담배를 전혀 피우지 않았고 아내의 흡연조차 극구 반대했다.

1929년에는 토머스 에디슨(Thomas Edison)의 전구 발명 50주년을 기념하는 '빛의 황금 축제(Light's Golden Jubilee)'를 전 세계인의 주목을 받는 행사로 기획하고 진행하여 수많은 찬사를 받았다. 하지만 사실 이 행사는 제너럴 일렉트릭(General Electric)과 미국전력협회의 이익을 지켜내기 위해 버네이스의 주도로 사전에 치밀하게 계획된 선전극이었다. 1930년대에는 사이먼 앤드 슈스터(Simon and Schuster), 하코트 브레이스(Harcourt Brace), 크노프(Knopf) 같은 대형 출판사들의 의뢰를 받아 도서 판매를 늘리기 위해 가정에 붙박이 책장 설치를 유행시켰다. 1933년에는 권력을 장악하기 직전의 아돌프 히틀러(Adolf Hitler)로부터 PR 자문 요청을 받았으나 거절했다.

1935년에는 1933년에 폐지된 금주법의 영향이 강하게 남아 있는 상황에서 맥주 판촉을 위해 "맥주는 '절제의 음료'로서 과음을 막기 위한 예방주사와 같은 것"이라고 선전하며 금주 운동을 이용하기도 했다. 1949년에는 트럭 제조회사인 맥트럭스(Mack Trucks)가 철도와의 경쟁에서 우위를 점할 수 있도록 하기 위해 고속도로 건설 확대를 지지하는 여론을 형성해 의회에서 막대한 도로 건설 예산이 통과되도록 주도했다.

과일 유통회사인 유나이티드 프루트 컴퍼니(United Fruit Company)는 1940년대부터 PR 자문을 해주었는데, 이 회사는 미국의 바나나 수입 시장을 절반 이상 차지한 거대 기업이었다. 그런데 과테말라에서 이권을 약속했던 군사 정권이 물러나고 1945년 민주 정부가 들어서서 몰수와 분배 같은 친(親)공산주의 정책을 펴자 이 회사에 위기가 닥쳤다. 이에 버네이스는 여론을 조작해 과테말라를 소련의 공산주의 전초기지로 낙인찍어 중앙정보부(CIA)를 움직임으로써 1954년 과테말라 민주 정부를 전복시키고 친미 성향의 과두정부가 들어서게 했다.

1960년대 들어 버네이스는 "1928년에 알았더라면 담배 회사의 의뢰를 거절했을 것이다."라고 말하며 담배의 위험성을 홍보하는 데 많은 노력을 기울였다. 1962년에는 홍보업에서 은퇴하고 약 70년간 살아온 뉴욕을 떠나 매사추세츠 주 보스턴 시 케임브리지로 이사했다. 그는 거의 반세기 동안 435명의 의뢰인에게 PR 자문을 해주었는데, 의뢰인 명단에는 대통령부터 노

1929년 남편과 함께 담배를 피우며 뉴욕 시내 5번가를 활보하고 있는 테일러스 콧 하딘(Taylor-Scott Hardin). 버네이스가 기획한 이벤트로서 언론에는 남성과의 평등을 호소하는 "자유의 햇불(torches of freedom)"로 실렸다.

동조합에 이르기까지 미국 정계, 재계, 교육계, 언론계, 문화예술계 등을 대표하는 유명 인사와 기업, 기관과 단체가 망라됐다. 1968~69년에는 보스턴 대학교 홍보대학원에서 교수로 활동했으며, 1980년에는 아내 도리스가 뇌출혈로 세상을 떠났다.

1990년 PR인으로서는 유일하게 《라이프(Life)》가 선정한 20세기 100대 미국인에 포함됐으며, 1995년 3월 9일 103세를 일기로 세상을 떠났다. 수많은 언론과 지식인들이 그를 'PR의 아버지', 'PR 산업의 선구자'로 기렸지만, 그를 '정보조작의 아버지', '과대선전의 왕자', '선전의 교황', '민주주의의 암살자'라고 부르며 비난하는 이들도 있었다. 그가 꼼꼼하게 모아두었던 800상자 분량의 자료는 유언에 따라 의회도서관에 기증되어 일반에 공개됐다. 저서로 『여론 정제(Crystallizing Public Opinion)』(1923), 『홍보(Public Relations)』(1952), 『합의의 조작(The Engineering of Consent)』(1955), 자서전 『어느 아이디어의 일대기(Biography of an Idea)』(1965) 등이 있다.

옮긴이의 글
현대 선전의 신화와 전설로 남은 에드워드 버네이스

에드워드 버네이스는 뭐라고 딱 꼬집어 정의하기 어려운 인물이다. 다시 말해 그가 현대의 선전 분야에 미친 영향력은 복잡하다. 하지만 그에게 가장 많이 따라다니는 '선전의 귀재'라는 수식어를 통해 적어도 그가 무슨 일에 종사했는지 정도는 쉽게 짐작할 수 있다.

그는 제1차 세계대전 당시 미국 연방공보위원회에 발탁되어 선전가로서 뛰어난 기량을 발휘하다 전쟁이 끝나자 발 빠르게 가장 먼저 '홍보(PR) 고문'이라는 직함을 달고 뉴욕에 홍보 전문 사무실을 열어 선전을 명실공히 산업의 반열에 올려놓는 데 크게 기여했다.

그가 구사했던 선전 전략의 옳고 그름을 떠나 맡은 일에 누구보다도 충실하고 치밀했다는 점에서 그는 단지 선전가라는 지위에 머무는 데 그치기보다 오늘날 전문 직업인의 전형을 이룬다고 해도 과언이 아닐 듯하다. '홍보 고문'으로 활동하면서 그는 무수한 신화와 전설을 만들었다.

1920년대와 30년대의 미국을 배경으로 삼은 할리우드 영화에서 고혹적이고 뇌쇄적인 모습의 여배우가 관객의 흡연 욕구를 강하게 불러일으킬 만큼 멋지게 담배를 피우는 장면은 알고 보면 버네이스의 머릿속에서 나왔다. 그는 '러키 스트라이크'라는 담배의 홍보를 의뢰받아 근사하게 차려입은 여성들에게 담배를 물려 뉴욕 5번가를 행진하게 함으로써 여성의 흡연을 새로운 유행으로 떠오르게 했던 장본인이다. 그런가 하면 '모차르트'라는 상표의 피아노를 팔 때는 피아노에 초점을 맞추기보다 '가정 음악실'이라는 개념을 널리 보급해 잠재 소비자가 미처 의식하지 못하는 사이에 간접적으로 구매 욕구를 부추겼다.

이러한 전략은 베이컨 제조 회사인 비치너트 패킹 컴퍼니의 의뢰를 받아 미국인들에게 계란 프라이를 얹은 '정성 어린 아침 식사'를 팔 때도 높은 효과를 발휘했다. 이번에도 그는 소비자에게 직접 다가가 제품을 사달라고 떼를 쓰다시피 하는 기존의 판매 방식에서 탈피해 대중의 식습관 형성에 영향력이 큰 의사라는 전문 직업인 집단을 움직여 베이컨의 장점을 부각시켰다.

각 방면의 여론을 주도하는 전문가 집단이나 유행을 선도하는 준거 계층을 이른바 '후원 위원회'로 내세워 제품을 선전하는 이러한 전략은 물론 그가 최초로 도입했다. 이 밖에도 그가 선전이라는 분야에서 거둔 찬란한 성공 사례들은 무수히 많다.

하지만 그는 이 책에서 이런 선전 사례들을 설명하면서 '내가 했다'라는 표현을 절대 사용하지 않는다. 대신 시종일관 '예를 들면', '이루어졌다', '입증되었다'라는 식의 표현을 통해 마치 제3자가 이루어놓은 일을 단지 소개하고 있을 뿐이라는 인상을 풍긴다. 이 책의 이러한 서술 구조는 그가 생각하는 민주주의 개념과 현대 민주주의 사회에서 선전이 담당하는 역할과도 깊게 맞물려 있다. 그는 모름지기 민주주의는 보이지 않는 정부, 또는 선량하고 합리적인 소수의 고결한 엘리트 집단이 나서서 바람직한 방향으로 대중의 의견을 주조하고 조작할 때 비로소 원활하고 질서정연하게 기능한다고 굳게 믿었다. 그의 선전 전략은 이러한 기본 전제에서 출발해 한 치의 흔들림도 없이 현실 세계에서 그대로 적용되었다. 이 때문에 일각에서는 그를 '민주주의의 암살자'라고 부르며 비난하기도 했다.

원래 '선전(propaganda)'이라는 단어가 처음 등장한 것은 1622년이었다. 당시 교황 그레고리우스 15세는 프로테스탄티즘의 급속한 확산에 충격을 받고 글자 그대로 풀이하면 '신앙선전실'이라는 뜻의 포교성성(Congregatio de propaganda fide)을 부랴부랴 신설했다. 그때 이후로 '선전'은 한동안 중립적인 의미의 단어로 사용되다가 제1차 세계대전기에 들어와 영미 정부의 전시 대국민 선전 활동을 계기로 지금처럼 '음험한' 색채를 띠게 되었고, 그 후 시간이 지날수록 더욱더 그런 의미로 굳어졌다.

이 책 서두에서 버네이스는 가톨릭이라는 성스러운 산실에서 출생한 '선전'에서 불길한 기운을 걷어내고 원래대로 순수성과 중립성을 되찾아주는 것이 이 책을 집필하는 목적이라고 밝힌다. 하지만 책을 읽어 나가면서 그의 설명을 접할수록 그의 애초 의도와 달리 '선전'이 지니는 소리 없는 음모가로서의 이미지는 더욱 강해질 뿐이다. 물론 이 책이 쓰인 시기(1928년)와, 오늘날 현대 자본주의의 총아로 자리잡은 선전이 그 동안 벌여온 혁혁한 성과를 고려할 때 시간상으로 커다란 간극이 존재한다. 하지만 「머리말」 저자가 지적하고 있듯이 "선전을 가장 끔찍하게 여기는 사람조차 선전에 쉽게 넘어간다는 역설을 에드워드 버네이스는 누구보다도 완전히 이해하고 있었다. 그가 우리를 위해 만든 세상을 바꾸고자 한다면 우리 또한 그 역설을 이해하려고 노력해야 한다." 그런 점에서 이 책은 읽을 만한 가치가 있다.

에드워드 버네이스가 현대 선전 분야, 나아가 현대 자본주의 사회에 미친 공과에 대해서는 의견이 분분하지만 무엇보다도 귀스타브 르봉과 윌프레드 트로터의 대중심리학과 자신의 삼촌인 지크문트 프로이트의 정신분석학을 결합해 이를 최초로 선전에 활용함으로써 홍보를 하나의 과학이자 산업으로 정립했다는 데서 그의 탁월성을 엿볼 수 있지 않나 싶다. 그가 아니었다 해도 제2, 제3의 '선전 귀재'가 나왔을 테지만 '식역하 지각(subliminal perception)'이라는 개념이 아예 존재하지도 않던 시절에 이미 이를 광고에 적용한 인물이 바로 그였다.

에드워드 버네이스는 1995년 3월 9일 103세를 일기로 세상을 떠났다. 물론 공식적으로 그는 죽었지만 실제로는 죽지 않았다. 그는 영원히 살아 있다. 생전에 남긴 신화와 전설을 통해, 죽고 나서도 현대 선전에 미치는 영향력을 통해.

2009년 6월
강미경